ÇAĞDAŞ HOKKAIDO MUTFAĞI

Japonya'nın En Kuzey Adasından 100 Tarif

Rabia Özer

Telif Hakkı Malzemesi ©202 4

Her hakkı saklıdır

Bu kitabın hiçbir bölümü, incelemede kullanılan kısa alıntılar dışında, yayıncının ve telif hakkı sahibinin uygun yazılı izni olmadan, hiçbir şekilde veya yöntemle kullanılamaz veya aktarılamaz. Bu kitap tıbbi, hukuki veya diğer profesyonel tavsiyelerin yerine geçmemelidir.

İÇİNDEKİLER

- İÇİNDEKİLER 3
- GİRİİŞ 6
- **KAHVALTI** 7
  1. Hokkaido Reçelli Sütlü Ekmek 8
  2. Hokkaido Usulü Yengeçli Çırpılmış Yumurta 10
  3. Hokkaido Kırmızı Fasulye Krepleri 12
  4. Hokkaido Tarzı Kahvaltı Kasesi 14
  5. Miso Tereyağlı Hokkaido Usulü Yulaf Ezmesi 16
  6. Hokkaido Usulü Kırmızı Fasulye Ezmeli Fransız Tostu 18
  7. Hokkaido Usulü Matcha Süt 20
- **BAŞLAYANLAR** 22
  8. Hokkaido Usulü İnari Suşi 23
  9. Sebze Sosu 25
  10. Nori ile Onigiri (Pirinç Topları) 27
  11. Hokkaido Usulü Agedashi Tofu 29
  12. Naneli Erişte Kurabiyeleri 31
  13. Deniz Tuzlu Edamame 33
  14. Kızarmış Ramen Halkaları 35
  15. Japon Baharatlı Beyaz Sos 37
  16. Japon Somonu ve Salatalık Lokmaları 39
  17. Japon Keto-Bamya Kasesi 41
  18. Japon Yaz Sandviçleri 43
  19. Nori Yosunlu Patlamış Mısır 45
  20. Soya Marine Edilmiş Mantarlar 47
  21. Çıtır Shishito Biberleri 49
  22. Hokkaido Usulü Yakitori Şişleri 51
  23. Okonomiyaki (Japon Krepleri) 53
- **ANA DİL** 55
  24. Hokkaido Deniz Ürünleri Güveç (Ishikari Nabe) 56
  25. Hokkaido Tarzı Cengiz Han Kuzu Barbekü 58
  26. Hokkaido Usulü Buta Don (Domuz Etli Pilav Kasesi) 60
  27. Hokkaido Kani Miso Gratin (Yengeç Miso Gratin) 62
  28. Kavrulmuş Kırmızı Miso Sebzeli Ramen 64
  29. Japon Teriyaki Zoodles Tavada Kızartma 67
  30. Tofu ile Tatlı Ramen 69
  31. Shoyu Ramen 71
  32. Miso Ramen 73
  33. Ramen noodle 75

34. ANINDA RAMEN 77
35. KİMÇİ ERİŞTE 79
36. SICAK RAMEN ATIŞI 81
37. RAMEN YEMEĞİ 83
38. TATLI VE BAHARATLI RAMEN TAVADA KIZARTMA 85
39. ACI HİNDİSTAN CEVİZLİ RAMEN 87
40. RAMEN YEŞİL FASULYE TAVADA KIZARTMA 89
41. RAMEN SEUL 91
42. KIZARMIŞ SEBZELER VE RAMEN KARIŞTIRIN 93
43. RAMENLİ KAVRULMUŞ SEBZELER 95
44. KIRMIZI BİBER LİMONLU RAMEN 97

ÇORBALAR 99
45. KENCHINJIRU (JAPON SEBZE ÇORBASI) 100
46. JAPON YAMI VE KALE ÇORBASI 103
47. NORİ ERİŞTE ÇORBASI 105
48. MANTARLI RAMEN ÇORBASI 107
49. LAHANALI MİSO ÇORBASI 109
50. TOFU VE YOSUNLU MİSO ÇORBASI 111
51. ISPANAKLI VE YEŞİL SOĞANLI ERİŞTE ÇORBASI 113
52. TEMPURA SEBZELİ UDON ERİŞTE ÇORBASI 115
53. MISIR VE BOK CHOY İLE RAMEN ÇORBASI 117
54. SOYA SÜTÜ VE BALKABAĞI ÇORBASI 119
55. HOKKAIDO SUKİYAKİ ÇORBASI 121
56. SOMEN ERİŞTE ÇORBASI 123
57. ERİŞTE KÖRİ ÇORBASI 125
58. MANTARLI RAMEN ÇORBASI 127

ET SUYU 129
59. DASHI BROTH 130
60. UMAMİ SEBZE SUYU 132
61. HOKKAIDO AÇIK SOĞAN ÇORBASI 134
62. MİSO ÇORBASI TABANI 136
63. SOYA SOSU BAZLI ET SUYU 138
64. SEBZELİ RAMEN SUYU 140
65. SHİİTAKE MANTARI SUYU 142
66. SUSAM MİSO SUYU 144
67. BAHARATLI TOFU VE KİMCHİ SUYU 146
68. VEJETARYEN KOTTERİ SUYU 148
69. UDON ERİŞTE SUYU 150
70. HOKKAIDO YEŞİL ÇAY SUYU 152
71. SEBZELİ MİSO MANTAR SUYU 154
72. ZENCEFİL LİMON OTU SUYU 156
73. KESTANE SHİİTAKE SUYU 158
74. TATLI PATATES VE HİNDİSTAN CEVİZİ SUYU 160

75. Sake ve Kurutulmuş Mantar Suyu 162
76. Wasabi ve Nori İnfüze Et Suyu 164
77. Temiz Mantar Çorbası 166

SALATALAR 168
78. Susamlı Yosun Salatası 169
79. Elmalı Ramen Salatası 171
80. Sambal Ramen Salatası 173
81. Hokkaido Serrano Ramen Salatası 175
82. Mandalinalı Ramen Salatası 177
83. Çekirdeği ile Ramen 179
84. Kremalı Fındık ve Erişte Salatası 181
85. Japon Esintili Susamlı Zencefil Salatası 183
86. Miso Sırlı Kavrulmuş Sebze Salatası 185
87. Nohut ve Avokado Salatası 187
88. Çıtır Kızarmış Tofu Suşi Kasesi 189

TATLILAR 192
89. Japon Limonlu Shochu 193
90. Moçi Tatlıları 195
91. Japon Meyve Şişleri 197
92. Agar Meyveli Salsa 199
93. Kinako Dango 201
94. Hokkaido Dorayaki 203
95. Matcha Dondurma 205
96. Hokkaido Zenzai 207
97. Japon Kahvesi Jeli 209
98. Matcha Tiramisu 211
99. Kinako Warabi Mochi 213
100. Hokkaido Yuzu Şerbeti 215

ÇÖZÜM 217

GİRİİŞ

Japonya'nın en kuzeyindeki adada bir mutfak macerası olan "Çağdaş Hokkaido Mutfağı"na hoş geldiniz! Nefes kesen manzaraları ve zengin mutfak mirasıyla ünlü Hokkaido, keşfedilmeyi bekleyen lezzetlerle dolu bir hazinedir. Bu yemek kitabında sizi Hokkaido'nun canlı yemek kültüründen ilham alan 100 çağdaş ve yenilikçi tarifi keşfetmeye davet ediyoruz.

Buzlu sularda yakalanan taze deniz ürünlerinden doyurucu dağ sebzelerine ve yemyeşil meralardan elde edilen süt ürünlerine kadar Hokkaido'nun çeşitli coğrafyası, mutfak kimliğinin temelini oluşturan çok sayıda malzeme sağlar. "Çağdaş Hokkaido Mutfağı"nda, geleneksel yemeklere çağdaş bir dokunuş ve Hokkaido mutfağının en iyilerini sergileyen yenilikçi kreasyonlar sunan bu zengin lezzet dokusunu kutluyoruz.

İster deneyimli bir şef, ister maceracı bir ev aşçısı olun, bu sayfalarda herkes için bir şeyler var. Her tarif, çağdaş teknikler ve malzemeler kullanılarak Hokkaido'nun mutfak mirasının özünü yakalamak üzere özenle hazırlanmıştır. Rahatlatıcı çorbalar ve güveçlerden zarif deniz ürünleri yemeklerine ve karşı konulmaz tatlılara kadar damak zevkinize hitap edecek çok çeşitli tatlar ve dokular bulacaksınız.

Hokkaido'nun canlı pazarları, hareketli izakayaları ve rahat ev mutfakları arasında yaptığımız yolculukta bize katılın. "Çağdaş Hokkaido Mutfağı"nın, her seferinde tek bir tarifle Japon mutfağının çeşitli ve lezzetli dünyasını keşfetme rehberiniz olmasına izin verin.

Birlikte bu mutfak macerasına çıkarken ilham almaya, heyecanlanmaya ve büyüleyici Hokkaido adasına taşınmaya hazırlanın. Haydi dalıp Japonya'nın en kuzeydeki cennetinin lezzetlerini keşfedelim!

KAHVALTI

1. Hokkaido Reçelli Sütlü Ekmek

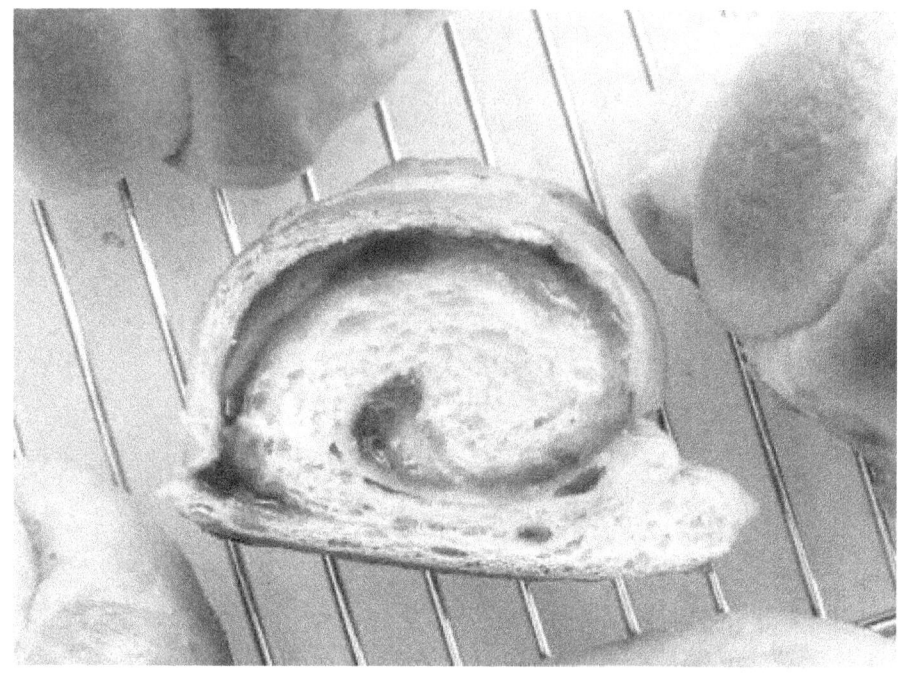

İÇİNDEKİLER:

- 2 su bardağı ekmek unu
- 1/2 bardak Hokkaido sütü
- 3 yemek kaşığı şeker
- 1 çay kaşığı tuz
- 2 yemek kaşığı tuzsuz tereyağı, yumuşatılmış
- 2 çay kaşığı aktif kuru maya
- Dilediğiniz ev yapımı reçel

TALİMATLAR:

a) Bir karıştırma kabında ekmek unu, şeker, tuz ve mayayı birleştirin.
b) Hokkaido sütünü ılık olana kadar (yaklaşık 110°F/43°C) ısıtın.
c) Sıcak sütü kuru malzemelere ekleyin ve hamur oluşana kadar karıştırın.
ç) Hamuru unlu bir yüzeyde yaklaşık 10 dakika veya pürüzsüz ve elastik hale gelinceye kadar yoğurun.
d) Hamuru yağlanmış bir kaseye koyun, temiz bir mutfak havlusuyla örtün ve ılık bir yerde yaklaşık 1 saat veya hacmi iki katına çıkana kadar mayalanmaya bırakın.
e) Yükselen hamuru yumruklayın ve eşit porsiyonlara bölün. Her parçayı küçük bir top haline getirin.
f) Hamur toplarını yağlanmış bir fırın tepsisine yerleştirin, üzerini örtün ve 30 dakika daha mayalanmaya bırakın.
g) Fırınınızı önceden 350°F (175°C) ısıtın.
ğ) Yükselen hamuru 20-25 dakika veya altın rengi kahverengi olana kadar pişirin.
h) Hokkaido sütlü ekmeğini ev yapımı reçelle birlikte sıcak olarak servis edin.

2.Hokkaido Usulü Yengeçli Çırpılmış Yumurta

İÇİNDEKİLER:

- 4 yumurta
- 1/4 bardak Hokkaido sütü
- Tatmak için biber ve tuz
- 1 yemek kaşığı tuzsuz tereyağı
- 1/2 su bardağı pişmiş yengeç eti, kuşbaşı
- Garnitür için kıyılmış frenk soğanı

TALİMATLAR:

a) Bir kasede yumurtaları, Hokkaido sütünü, tuzu ve karabiberi iyice birleşene kadar çırpın.
b) Tereyağını bir tavada orta ateşte ısıtın.
c) Yumurta karışımını tavaya dökün ve sertleşene kadar birkaç saniye pişmesine izin verin.
ç) Yumurtaları bir spatula ile yavaşça karıştırın ve pişerken üstlerine katlayın.
d) Yumurtalar neredeyse hazır olduğunda, pişmiş yengeç etini ekleyin ve bir dakika daha veya yumurtalar tamamen pişip yengeç iyice ısınana kadar pişirmeye devam edin.
e) Ateşten alın ve çırpılmış yumurtaların üzerine doğranmış frenk soğanı serpin.
f) Hokkaido tarzı çırpılmış yumurtaları yengeç sıcakla servis edin.

3.Hokkaido Kırmızı Fasulye Krepleri

İÇİNDEKİLER:
- 1 fincan çok amaçlı un
- 1 yemek kaşığı şeker
- 1 çay kaşığı kabartma tozu
- 1/4 çay kaşığı tuz
- 1/2 su bardağı pişmiş Hokkaido kırmızı fasulyesi (anko)
- 3/4 bardak Hokkaido sütü
- 1 yumurta
- Pişirmek için tereyağı veya sıvı yağ
- Servis için akçaağaç şurubu

TALİMATLAR:
a) Bir karıştırma kabında un, şeker, kabartma tozu ve tuzu birleştirin.
b) Başka bir kapta pişmiş Hokkaido kırmızı fasulyesini çatalla pürüzsüz hale gelinceye kadar ezin.
c) Ezilen kırmızı fasulyeye süt ve yumurtayı ekleyip iyice karıştırın.
ç) Islak malzemeleri yavaş yavaş kuru malzemelere ekleyin, birleşene kadar karıştırın.
d) Tavayı veya ızgarayı orta ateşte ısıtın ve hafifçe tereyağı veya sıvı yağla yağlayın.
e) Her gözleme için tavaya yaklaşık 1/4 bardak hamur dökün.
f) Kreplerin yüzeyinde kabarcıklar oluşana kadar pişirin, ardından çevirin ve diğer tarafı altın rengi kahverengi olana kadar pişirin.
g) Kalan meyilli ile tekrarlayın.
ğ) Hokkaido kırmızı fasulye kreplerini akçaağaç şurubuyla sıcak olarak servis edin.

4.Hokkaido Tarzı Kahvaltı Kasesi

İÇİNDEKİLER:
- 1 su bardağı pişmiş kısa taneli pirinç
- 1/2 bardak pişmiş Hokkaido soya fasulyesi (edamame)
- 1/2 su bardağı doğranmış Hokkaido patatesi, pişmiş
- 1/2 su bardağı doğranmış Hokkaido havuç, pişmiş
- 1/4 bardak rendelenmiş nori (deniz yosunu)
- 1 yemek kaşığı soya sosu
- 1 çay kaşığı susam yağı
- 1 çay kaşığı kavrulmuş susam
- Sahanda yumurta (isteğe bağlı)

TALİMATLAR:
a) Bir kasede pişmiş pirinci, Hokkaido soya fasulyesini, doğranmış patatesleri ve doğranmış havuçları birleştirin.
b) Pirinç ve sebze karışımının üzerine soya sosunu ve susam yağını gezdirin.
c) Birleştirmek için yavaşça atın.
ç) Karışımı servis kaselerine paylaştırın.
d) Her kaseyi rendelenmiş nori ve kızarmış susamla doldurun.
e) İstenirse üzerine kızarmış yumurta konularak servis yapılır.
f) Hokkaido tarzı kahvaltı kasenizin tadını çıkarın.

5.Miso Tereyağlı Hokkaido Usulü Yulaf Ezmesi

İÇİNDEKİLER:
- 1 su bardağı yulaf ezmesi
- 2 bardak su
- 2 yemek kaşığı miso ezmesi
- 2 yemek kaşığı tuzsuz tereyağı
- 1 yemek kaşığı bal
- Garnitür için dilimlenmiş yeşil soğan

TALİMATLAR:
a) Bir tencerede suyu kaynatın. Haddelenmiş yulafları karıştırın ve ısıyı en aza indirin. Ara sıra karıştırarak yaklaşık 5-7 dakika veya yulaf istenilen kıvamda pişene kadar pişirin.

b) Küçük bir kapta miso ezmesini, yumuşatılmış tereyağını ve balı iyice birleşene kadar karıştırın.

c) Miso tereyağı karışımını pişmiş yulafın içine tamamen karışana kadar karıştırın.

ç) Ateşten alın ve bir dakika bekletin.

d) Hokkaido usulü yulaf ezmesini dilimlenmiş yeşil soğanla süsleyerek sıcak olarak servis edin.

6. Hokkaido Usulü Kırmızı Fasulye Ezmeli Fransız Tostu

İÇİNDEKİLER:

- 4 dilim kalın kesilmiş ekmek
- 2 yumurta
- 1/2 bardak Hokkaido sütü
- 1/4 çay kaşığı vanilya özü
- Kızartmak için tereyağı
- Servis için tatlı kırmızı fasulye ezmesi (anko)
- Üzeri için pudra şekeri

TALİMATLAR:

a) Sığ bir tabakta yumurtaları, Hokkaido sütünü ve vanilya özünü iyice birleşene kadar çırpın.
b) Bir tavayı veya ızgarayı orta ateşte ısıtın ve bir miktar tereyağını eritin.
c) Her bir ekmek dilimini yumurta karışımına batırın ve her iki tarafını da eşit şekilde kaplayın.
ç) Batırılmış ekmek dilimlerini tavaya yerleştirin ve her iki tarafı da altın rengi kahverengi olana kadar yaklaşık 2-3 dakika pişirin.
d) Fransız tostunu tavadan çıkarın ve üzerine tatlı kırmızı fasulye ezmesi serperek sıcak olarak servis yapın.
e) Servis yapmadan önce üzerine pudra şekeri serpin.

7.Hokkaido Usulü Matcha Süt

İÇİNDEKİLER:
- 1 bardak Hokkaido sütü
- 1 çay kaşığı matcha tozu
- 1 yemek kaşığı bal veya şeker (isteğe bağlı)

TALİMATLAR:

a) Küçük bir tencerede Hokkaido sütünü orta ateşte sıcak fakat kaynamayan bir hale gelinceye kadar ısıtın.

b) Bir kapta matcha tozunu az miktarda sıcak suyla pürüzsüz bir macun elde edene kadar çırpın.

c) Sıcak Hokkaido sütünü matcha ezmesine dökün ve iyice birleşene kadar çırpın.

ç) İstenirse bal veya şekerle tatlandırılabilir.

d) Hokkaido usulü Matcha Süt'yi kupalara dökün ve sıcak olarak servis yapın.

BAŞLAYANLAR

8.Hokkaido Usulü Inari Suşi

İÇİNDEKİLER:
- 1 bardak suşi pirinci, pişirilmiş ve pirinç sirkesi ile tatlandırılmış
- 1 paket inari cep (tatlı tofu poşetleri)
- Garnitür için susam tohumları
- İnce dilimlenmiş yeşil soğan

TALİMATLAR:
a) İnari ceplerini yavaşça açın.
b) Her cebi az miktarda baharatlı suşi pirinciyle doldurun.
c) Susam ve dilimlenmiş yeşil soğanla süsleyin.

9.Sebze Sosu

İÇİNDEKİLER:

- 1 su bardağı lahana, ince doğranmış
- 1/2 bardak havuç, rendelenmiş
- 1/2 bardak shiitake mantarı, ince doğranmış
- 2 yeşil soğan, ince doğranmış
- 1 diş sarımsak, kıyılmış
- 1 çay kaşığı zencefil, rendelenmiş
- 1 yemek kaşığı soya sosu
- Gyoza sarmalayıcılar
- Tavada kızartmak için bitkisel yağ
- Daldırma sosu (soya sosu, pirinç sirkesi ve bir miktar susam yağı)

TALİMATLAR:

a) Bir kapta lahana, havuç, shiitake mantarı, yeşil soğan, sarımsak, zencefil ve soya sosunu karıştırın.
b) Karışımdan bir kaşık dolusu sosu ambalajına koyun, katlayın ve kenarlarını kapatın.
c) Sosu her iki tarafı da altın rengi kahverengi olana kadar tavada kızartın.
ç) Dip sos ile servis yapın.

10. Nori ile Onigiri (Pirinç Topları)

İÇİNDEKİLER:
- 2 bardak suşi pirinci, pişmiş
- Nori çarşafları, şeritler halinde kesilmiş
- Tatmak için tuz
- Dolgular (erik turşusu, avokado veya sotelenmiş sebzeler)

TALİMATLAR:
a) Ellerinizi ıslatıp üzerine tuz serpin.
b) Bir avuç pişmiş suşi pirincini alın ve bir üçgen veya top haline getirin.
c) Ortasına az miktarda dolgu koyun.
ç) Nori şeritleriyle sarın.
d) Daha fazla onigiri yapmak için tekrarlayın.

11.Hokkaido Usulü Agedashi Tofu

İÇİNDEKİLER:
- 1 blok sert tofu, küp şeklinde kesilmiş
- 1/2 bardak mısır nişastası
- Kızartmak için bitkisel yağ
- 1 bardak Dashi
- 2 yemek kaşığı soya sosu
- 1 yemek kaşığı mirin
- 1 yemek kaşığı rendelenmiş daikon turp (isteğe bağlı)
- Garnitür için doğranmış yeşil soğan

TALİMATLAR:
a) Tofu küplerini mısır nişastasına bulayın ve altın kahverengi olana kadar derin yağda kızartın.
b) Ayrı bir tencerede dashi, soya sosu ve mirin'i birleştirin. Kaynamaya getirin.
c) Kızaran tofuyu servis tabağına alın, üzerine sosu dökün.
ç) Rendelenmiş daikon ve doğranmış yeşil soğanla süsleyin.

12.Naneli Erişte Kurabiyeleri

4 **MALZEME:**
- 4 (3 oz.) paket ramen erişteşi, pişmemiş
- 1 (16 oz.) torba bitter çikolata parçacıkları
- 12-14 damla nane özü
- 1-2 damla mızrak nane özü
- 1-2 damla kış yeşili özü
- 24 lolipop çubuğu

TALİMATLAR:

a) Erişteleri parçalara ayırın ve bir karıştırma kabına koyun. Düşük ateşte bir tencereye yerleştirin. Üzerine çikolata parçacıklarını karıştırın.

b) Nane ekstraktını karıştırın. 1 dakika kadar pişirin . Karışımı erişterin her yerine dökün ve iyice karıştırın.

c) Büyük bir çorba kaşığı kullanarak kurabiye şeklindeki karışımı sıralanmış bir fırın tepsisine kaşıklayın. Tavayı en az 1 saat buzdolabına koyun. Kurabiyelerinizi en sevdiğiniz malzemelerle servis edin.

ç) Eğlence.

13.Deniz Tuzlu Edamame

İÇİNDEKİLER:
- 2 bardak edamame (taze veya dondurulmuş)
- Tatmak için deniz tuzu

TALİMATLAR:
a) Dondurulmuş edamame kullanıyorsanız tuzlu suda 3-5 dakika veya yumuşayana kadar kaynatın.
b) Süzün ve deniz tuzu serpin.
c) Sıcak veya oda sıcaklığında servis yapın.

14.Kızarmış Ramen Halkaları

İÇİNDEKİLER:

- Kızartma Hamuru, 2 bardak ayırın
- 1 su bardağı kendiliğinden kabaran un
- 1 çay kaşığı tuz
- 1/4 çay kaşığı biber
- 2 yumurta, dövülmüş
- 1 bardak bira
- Soğanlar
- 2 (3 oz.) paket ramen eriştesi, kızartma için paket ayrılmış yağ
- 1 büyük Vidalia soğanı, halkalı

TALİMATLAR:

a) Büyük bir karıştırma kabı alın: İçinde un, yumurta, bira, bir tutam tuz ve karabiberi çırpın.
b) Bir mutfak robotu alın: Bir rameni ikiye bölün ve öğütülene kadar robotta işleyin. Unlu karışımın içerisine ekleyip iyice karıştırın. Diğer rameni ince ince ezin ve sığ bir tabağa koyun. Üzerine baharat paketini ekleyip iyice karıştırın.
c) Büyük bir tavayı orta ateşte yerleştirin. 3/4 inçlik kısmını yağla doldurun ve ısıtın.
ç) Soğan halkalarını un hamuruyla kaplayın ve ezilmiş erişte karışımına batırın. Bunları sıcak yağa koyun ve altın kahverengi olana kadar pişirin.
d) Soğan halkalarınızı en sevdiğiniz sosla servis edin.
e) Eğlence.

15.Japon Baharatlı Beyaz Sos

İÇİNDEKİLER:
- 2 ¼ bardak Japon mayonezi
- 1 ¼ çay kaşığı sarımsak tozu
- 1 fincan. Ketçap
- 1 Yemek kaşığı pul biber
- 3 ¼ yemek kaşığı şeker
- 2 çay kaşığı soğan tozu
- 1 ¼ çay kaşığı acı biber
- 1 çay kaşığı deniz tuzu
- 1 ½ çay kaşığı sriracha sosu
- 1 fincan. su

TALİMATLAR:
a) malzemeleri dökün
b) Topak kalmayacak şekilde iyice karıştırın ve çırpın
c) Kullanmaya hazır oluncaya kadar buzdolabında bekletin
ç) Pirinç, makarna veya sebze salatası sosuyla servis yapın

16.Japon Somonu ve Salatalık Lokmaları

İÇİNDEKİLER:
- 1 salatalık. Cesurca dilimlenmiş
- ½ kiloluk somon fileto
- 1 ¼ çay kaşığı soya sosu
- 2 yemek kaşığı soğan. İnce kıyılmış
- 1 çay kaşığı mirin
- 1 Ichimi togarashi (Japon biberi)
- 1 çay kaşığı susam yağı
- ½ çay kaşığı siyah susam

TALİMATLAR:
a) Küçük bir karıştırma kabında somonu, soya sosunu, yeşil soğanı, susam yağını ve mirin'i birleştirin.
b) Salatalık dilimlerini bir tabağa yerleştirin, üzerine bir kaşık somon balığı koyun ve kalan yeşil soğan ve susam serpin.

17.Japon Keto-Bamya Kasesi

İÇİNDEKİLER:
- 2 bamya parmağı
- 2 Yemek kaşığı soya sosu
- 2 yemek kaşığı palamut gevreği
- 2 yemek kaşığı swerve/keşiş meyvesi
- 2 yemek kaşığı su
- 2 Yemek kaşığı sake
- 2 çay kaşığı susam, kızartılmış
- 2 yemek kaşığı palamut gevreği

TALİMATLAR:
a) 2 bardak suyu ocakta kaynatın
b) Başka bir tencerede soya sosu, palamut pulları, 2 çay kaşığı su, sake, çevirerek 1 dakika soteleyin.
c) Şimdi kaynayan suya dönün ve bamyayı atın, 3 dakika veya yumuşayana kadar pişirin.
ç) dilimler halinde doğrayın
d) Dilimlenmiş bamyayı bir kaseye koyun ve üzerine sosu dökün .
e) Susam ve palamut pullarıyla süsleyin

18.Japon Yaz Sandviçleri

İÇİNDEKİLER:
- Ekmek dilimleri, altı
- Çilek, bir bardak
- Krem şanti, bir bardak

TALİMATLAR:
a) Öncelikle ekmeğinizi hazırlamalısınız.
b) Yarım bardak çırpılmış kremayı bir kapta sertleşinceye kadar çırpın ve ekmeğin üzerine eşit şekilde dağıtın.
c) Daha sonra yıkayıp saplarını kesin ve her bir çileği ortadan ikiye bölün.
ç) Sandviçiniz servise hazır.

19.Nori Yosunlu Patlamış Mısır

İÇİNDEKİLER:
- Siyah susam, bir yemek kaşığı
- Esmer şeker, bir yemek kaşığı
- Tuz, yarım çay kaşığı
- Hindistan cevizi yağı, yarım çay kaşığı
- Patlamış mısır çekirdeği, yarım bardak
- Tereyağı, iki yemek kaşığı
- Nori yosunu gevreği, bir yemek kaşığı

TALİMATLAR:
a) şekeri ve tuzu bir havanda ve havanda ince bir toz haline gelinceye kadar öğütün.
b) Hindistan cevizi yağını büyük, kalın dipli bir tencerede eritin.
c) kapağını kapatın ve patlayana kadar orta ateşte pişirin.
ç) Mısırlar patladıktan sonra hemen geri kalan mısırı ekleyin, kapağını kapatıp, ara sıra tavayı sallayarak, tüm mısırlar patlayana kadar pişirin.
d) Patlamış mısırı geniş bir kaseye aktarın ve eğer kullanıyorsanız eritilmiş tereyağının üzerine dökün.
e) Tatlı ve tuzlu nori karışımınızı üzerine serpin ve her parça kaplanana kadar ellerinizi kullanarak iyice karıştırın.
f) Kalan susam tohumlarını üstüne serpin.

20.Soya Marine Edilmiş Mantarlar

İÇİNDEKİLER:
- 4 paket enoki mantarı veya tercih ettiğiniz mantar
- 2 Yemek kaşığı soya sosu
- 3 yemek kaşığı ayçiçek yağı
- 3 yemek kaşığı pirinç sirkesi
- 3 yemek kaşığı mitsuba Güzelce doğranmış
- 2 adet kırmızı pul biber.
- Kaşer tuzu
- 2 yemek kaşığı yeşil shiso. İnce doğranmış

TALİMATLAR:
a) Düşük ateşte, yağı bir tencereye dökün ve ısıtın
b) Mantarları kızgın yağa ekleyin ve yağın tamamını çekene kadar kızartın.
c) Isıyı kapatın ve soya sosu, sirke, shiso, mitsuba , tuz ve karabiberi ekleyip karıştırın.
ç) Soğuyunca servis yapın veya buzdolabında saklayın.

21.Çıtır Shishito Biberleri

İÇİNDEKİLER:
- 1 bardak shishito biberi
- 2 yemek kaşığı bitkisel yağ
- Tatmak için deniz tuzu
- Servis için limon dilimleri

TALİMATLAR:
a) Bitkisel yağı bir tavada orta-yüksek ateşte ısıtın.
b) Shishito biberlerini ekleyin ve kabarıp çıtır hale gelinceye kadar soteleyin.
c) Deniz tuzu serpin ve limon dilimleri ile servis yapın.

22.Hokkaido Usulü Yakitori Şişleri

İÇİNDEKİLER:

- 1 bardak sert tofu, küp şeklinde kesilmiş
- 1 bardak mantar (shiitake veya düğme), bütün veya yarıya bölünmüş
- 1 su bardağı kiraz domates
- 1/2 bardak soya sosu
- 1/4 bardak mirin
- 2 yemek kaşığı şeker
- Suya batırılmış tahta şişler

TALİMATLAR:

a) Tofuyu, mantarları ve kiraz domatesleri şişlerin üzerine geçirin.
b) Bir tencerede soya sosu, mirin ve şekeri karıştırın. Hafifçe koyulaşana kadar pişirin.
c) Şişleri ızgarada veya kızartın, karamelize olana kadar sosla fırçalayın.

23.Okonomiyaki (Japon Krepleri)

İÇİNDEKİLER:
- 1 su bardağı kıyılmış lahana
- 1/4 su bardağı rendelenmiş havuç
- 2 yemek kaşığı doğranmış yeşil soğan
- 1/2 bardak çok amaçlı un
- 1/2 su bardağı su
- 1 yemek kaşığı soya sosu
- 1 yemek kaşığı bitkisel yağ
- Üzeri için mayonez ve okonomiyaki sosu

TALİMATLAR:
a) Bir kapta lahana, havuç, yeşil soğan, un, su ve soya sosunu karıştırın.
b) Bitkisel yağı bir tavada ısıtın ve hamuru gözleme şekline getirin.
c) Her iki tarafı da altın rengi oluncaya kadar pişirin.
ç) Servis yapmadan önce üzerine mayonez ve okonomiyaki sosu ekleyin.

ANA DİL

24. Hokkaido Deniz Ürünleri Güveç (Ishikari Nabe)

İÇİNDEKİLER:
- 4 bardak dashi (Japon çorbası stoku)
- 1/4 bardak miso ezmesi
- 1/2 bardak sake
- 2 yemek kaşığı soya sosu
- 1 yemek kaşığı mirin
- 1/2 kiloluk somon fileto, parçalar halinde kesilmiş
- 1/2 kiloluk tarak
- 1/2 kiloluk karides, soyulmuş ve ayrılmış
- 1/2 kiloluk tofu, küpler halinde kesilmiş
- 1 bardak dilimlenmiş Hokkaido mantarı (shiitake veya enoki gibi)
- 1 bardak Napa lahanası, dilimlenmiş
- 1/2 bardak dilimlenmiş Hokkaido yeşil soğan
- Servis için pişmiş Hokkaido kısa taneli pirinç

TALİMATLAR:
a) Bir tencerede Dashi'yi orta ateşte kaynamaya getirin.
b) Küçük bir kapta miso ezmesini tencereden biraz sıcak su ile pürüzsüz hale gelinceye kadar seyreltin.
c) İyice birleşene kadar sake, soya sosu ve mirin'i miso ezmesine karıştırın.
ç) Miso karışımını kaynayan dashiye ekleyin ve birleştirmek için karıştırın.
d) Tencereye somon, deniz tarağı, karides, soya peyniri, mantar ve Napa lahanası ekleyin.
e) Yaklaşık 10-15 dakika veya deniz ürünleri pişene ve sebzeler yumuşayana kadar pişirin.
f) Hokkaido deniz mahsulleri güvecini, üstüne serpilmiş dilimlenmiş yeşil soğan ve yanında pişmiş kısa taneli pirinçle sıcak olarak servis edin.

25.Hokkaido Tarzı Cengiz Han Kuzu Barbekü

İÇİNDEKİLER:

- 1 kiloluk kuzu omuzu, ince dilimlenmiş
- 1 soğan, dilimlenmiş
- 2 diş sarımsak, kıyılmış
- 1 yemek kaşığı soya sosu
- 1 yemek kaşığı sake
- 1 yemek kaşığı mirin
- 1 yemek kaşığı şeker
- Tatmak için biber ve tuz
- Izgara için Hokkaido tereyağı
- Garnitür için Hokkaido yeşil soğan

TALİMATLAR:

a) Bir kasede dilimlenmiş kuzu omuzu, dilimlenmiş soğan, kıyılmış sarımsak, soya sosu, sake, mirin, şeker, tuz ve karabiberi birleştirin. En az 30 dakika marine edin.

b) Bir ızgarayı veya ızgara tavasını orta-yüksek ateşte ısıtın.

c) Marine edilmiş kuzu dilimlerini şişlere geçirin.

ç) Şişlerin her iki tarafını da 2-3 dakika veya istediğiniz kıvamda pişene kadar ızgarada pişirin.

d) Izgara yaparken ekstra lezzet için şişlerin üzerine Hokkaido tereyağını sürün.

e) Servis yapmadan önce dilimlenmiş yeşil soğanla süsleyin.

26. Hokkaido Usulü Buta Don (Domuz Etli Pilav Kasesi)

İÇİNDEKİLER:
- 1 su bardağı pişmiş Hokkaido kısa taneli pirinç
- 1/2 kiloluk domuz filetosu, ince dilimlenmiş
- 2 yemek kaşığı soya sosu
- 2 yemek kaşığı mirin
- 1 yemek kaşığı sake
- 1 yemek kaşığı şeker
- 1/2 soğan, ince dilimlenmiş
- 2 yumurta
- Garnitür için Hokkaido yeşil soğan

TALİMATLAR:
a) Bir kapta soya sosu, mirin, sake ve şekeri birleştirin. Domuz eti dilimlerini ekleyin ve en az 15 dakika marine edin.
b) Bir tavayı orta ateşte ısıtın. Marine edilmiş domuz eti dilimlerini ekleyin ve kızarana ve iyice pişene kadar pişirin.
c) Domuz eti tavadan çıkarın ve bir kenara koyun. Aynı tavaya yemeklik doğranmış soğanları ekleyip yumuşayıncaya kadar kavurun.
ç) Ayrı bir kapta yumurtaları çırpın.
d) Çırpılmış yumurtaları tavaya dökün ve pişene kadar pişirin.
e) Birleştirmek için pişmiş pirinci bir kaseye koyun. Üzerine pişmiş domuz eti dilimleri, soğan ve çırpılmış yumurta ekleyin.
f) Servis yapmadan önce dilimlenmiş yeşil soğanla süsleyin.

27. Hokkaido Kani Miso Gratin (Yengeç Miso Gratin)

İÇİNDEKİLER:

- 1/2 kiloluk pişmiş Hokkaido kar yengeç eti
- 2 yemek kaşığı miso ezmesi
- 2 yemek kaşığı mayonez
- 1/4 bardak Hokkaido sütü
- 1/4 bardak rendelenmiş Hokkaido peyniri (Cheddar veya Gouda gibi)
- 1/4 bardak panko galeta unu
- Yağlama için Hokkaido tereyağı
- Garnitür için Hokkaido yeşil soğan

TALİMATLAR:

a) Fırınınızı 200°C'ye (400°F) önceden ısıtın.
b) Bir kasede miso ezmesini, mayonezi ve Hokkaido sütünü pürüzsüz hale gelinceye kadar karıştırın.
c) Pişmiş kar yengeç etini miso karışımına ekleyin ve birleştirmek için karıştırın.
ç) Bireysel gratin kaplarını Hokkaido tereyağı ile yağlayın.
d) Yengeç miso karışımını ızgara tabaklarına eşit olarak bölün.
e) Her bir gratinin üzerine rendelenmiş peynir ve panko galeta unu serpin.
f) Önceden ısıtılmış fırında 10-12 dakika veya üstü altın rengi ve kabarcıklı olana kadar pişirin.
g) Servis yapmadan önce dilimlenmiş yeşil soğanla süsleyin.

28.Kavrulmuş Kırmızı Miso Sebzeli Ramen

İÇİNDEKİLER:
SUYU İÇİN:
- 2 yemek kaşığı. sebze yağı
- 1 orta boy sarı soğan, doğranmış
- 1 büyük havuç, soyulmuş ve dilimlenmiş
- 10 diş sarımsak, soyulmuş ve ezilmiş
- 1 4 "parça zencefil, dilimlenmiş
- Kaşer tuzu
- 5 oz. taze shiitake mantarları (sapları çıkarılmış, kapakları ayrılmış)
- 2 segment (3") kombu
- 0,5 oz. kurutulmuş shiitake mantarları
- 2 kafa bebek Çin lahanası, dörde bölünmüş
- 6 yeşil soğan, doğranmış
- 4 su bardağı sebze suyu

KAVURULMUŞ KIRMIZI MISO SEBZELERİ İÇİN:
- 6 oz. bebek portobello mantarları, dörde bölünmüş
- 5 oz. Shiitake mantarı kapakları (et suyundan ayrılmıştır)
- 1 büyük havuç, ince dilimlenmiş
- 2 kafa bebek Çin lahanası, dörde bölünmüş
- 0,5 su bardağı kabuklu edamame
- 1 yemek kaşığı. kırmızı miso ezmesi
- 2 diş sarımsak, rendelenmiş
- 1 çay kaşığı. rendelenmiş zencefil
- 2 yeşil soğan, beyaz kısımları kıyılmış, yeşillikler ince dilimlenmiş ve ayrılmış
- 1 yemek kaşığı. sebze yağı
- Kaşer tuzu

BİTİRMEK İÇİN:
- 0,25 su bardağı soya sosu
- 0.25 su bardağı mirin
- 1 yemek kaşığı. kavrulmuş susam tohumları
- 1 paket (10 ons) kuru ramen buğday eriştesi
- Susam yağı
- Susam taneleri
- Yeşil soğanlar

TALİMATLAR:
SUYU YAPIN:
a) Bitkisel yağı büyük bir Hollanda fırınında orta ateşte ısıtın. Soğan, havuç, zencefil, sarımsak ve bir tutam tuz ekleyin. Sebzeler renk almaya başlayıncaya kadar 7 dakika pişirin.
b) Shiitake saplarını, kombuyu, kurutulmuş shiitake mantarlarını, Çin lahanasını ve yeşil soğanı ekleyin. Sebze suyunu ve 4 bardak suyu dökün. Kaynatın, ardından kapağı kapalı olarak 25 dakika pişirin.
c) Et suyunu ince gözenekli bir süzgeçten geçirerek büyük bir kaseye süzün ve sebzelerden gelen sıvıyı bastırın. Katıları atın. Et suyunu Hollanda fırınına geri koyun, tuzla tatlandırın.

KAVURULMUŞ MISO SEBZELERİ YAPIN:
ç) Fırını 425°F'ye önceden ısıtın. Bir kasede miso ezmesini, yağı, yeşil soğanı, zencefili ve rendelenmiş sarımsağı karıştırın.
d) Havuçları ve mantarları miso karışımına ayrı ayrı atın. Çin lahanası ve edamame için yer bırakarak folyo kaplı bir fırın tepsisine aktarın . 5 dakika kızartın.
e) Ayrı bir kapta Çin lahanasını ve edamame'i yağla karıştırın, tuzla tatlandırın. Fırın tepsisine ekleyin ve tüm sebzeler yumuşayıp altın rengi oluncaya kadar 15 dakika daha kızartın.

BİRLEŞTİRMEK:
f) Ramen eriştelerini paket talimatlarına göre pişirin, ardından süzün.
g) Mirin ve soya sosunu küçük bir kasede çırpın.
ğ) Her kaseye 1,5 su bardağı sıcak et suyu, erişte ekleyin ve üzerine havuç, mantar ve Çin lahanasını ekleyin. Soya-mirin karışımını gezdirin.
h) Servis yapmadan önce kavrulmuş edamame, yeşil soğan, susam yağı ve susamla süsleyin.

29.Japon Teriyaki Zoodles Tavada Kızartma

İÇİNDEKİLER:
- 2 yemek kaşığı bitkisel yağ
- 1 orta boy soğan, ince dilimlenmiş
- şeritler halinde kesilmiş
- 2 yemek kaşığı teriyaki sosu
- 1 yemek kaşığı soya sosu
- 1 yemek kaşığı kavrulmuş susam
- öğütülmüş karabiber

TALİMATLAR:

a) Büyük bir tavayı orta ateşte yerleştirin. İçindeki yağı ısıtın. Soğanı ekleyip 6 dakika pişirin .

b) Kabağı karıştırın ve 2 dakika pişirin. Kalan malzemeleri ekleyin ve 6 dakika pişirin . Kızarttığınız yemeği hemen servis edin. Eğlence.

30.Tofu ile Tatlı Ramen

İÇİNDEKİLER:
- 1 paket ramen noodle
- 2 bardak su
- 2 yemek kaşığı bitkisel yağ
- 3 dilim tofu, 1/4 inç kalınlığında
- 2 Su bardağı soya fasulyesi filizi
- 1/2 küçük kabak, ince dilimlenmiş
- 2 yeşil soğan, dilimlenmiş
- 1/2 su bardağı tatlı yeşil bezelye baklası
- un
- Baharat tuzu
- Susam yağı

TALİMATLAR:
a) Her tofu parçasını 3 parçaya bölün. Üzerlerine biraz un serpin. Büyük bir tavayı orta ateşte yerleştirin. İçerisinde 1 yemek kaşığı yağı ısıtın.
b) Tofuyu her iki tarafını da 1 ila 2 dakika kadar pişirin. Boşaltın ve bir kenara koyun. Aynı tavada bir miktar yağı ısıtın. Sebzeleri 6 dakika soteleyin. Onları bir kenara koyun.
c) Erişteleri pişirin. Baharat paketini karıştırın.
ç) Büyük bir tavayı orta ateşte yerleştirin. İçinde bir miktar yağı ısıtın.
d) İçinde fasulye filizlerini 1 dakika kadar pişirin.
e) Kızaran fasulye filizlerini servis kabının dibine dizin. Üzerine ramen, pişmiş sebzeler ve tofu ekleyin. Onlara sıcak servis yapın. Eğlence.

31.Shoyu Ramen

İÇİNDEKİLER:
- Chashu, bir bardak
- Nitamago, gerektiği gibi
- Shiitake, gerektiği gibi
- La- yu, gerektiği gibi
- Nori, yarım bardak
- Ramen, dört paket
- Dashi, yarım bardak

TALİMATLAR:
a) Tuzlu kaynar su dolu bir tencerede ramenleri maşa veya yemek çubuklarıyla karıştırarak pişene kadar yaklaşık bir dakika pişirin.
b) Orta ateşte küçük bir tencerede, dashi ve shiitake'yi zar zor kaynayana kadar ısıtın.
c) Bir dakika pişirin ve ocaktan alın.
ç) Shiitake'yi bir kenara koyun.
d) Servis kasesine Dashi ve erişteleri ekleyin.
e) Üzerine chashu, nitamago, shiitake, yeşil soğan, biraz la- yu ve istenirse nori ekleyin.

32. Miso Ramen

İÇİNDEKİLER:
- Miso ezmesi, 1 yemek kaşığı
- Sebzeleri karıştırın, 1 bardak
- Ramen, 2 paket
- Soya sosu, 1 yemek kaşığı

TALİMATLAR:
a) pişirin ve sebzeleri haşlayın.
b) Şimdi kalan tüm malzemeleri karıştırın ve sıcak olarak servis yapın.

33.Ramen noodle

İÇİNDEKİLER:
- Ramen eriştesi, iki paket
- Miso ezmesi, iki yemek kaşığı
- Soya Sosu, bir yemek kaşığı

TALİMATLAR:
a) Tüm malzemeleri karıştırın ve on dakika kadar iyice pişirin.
b) Yemeğiniz servise hazır.

34. Anında Ramen

İÇİNDEKİLER:
- Hazır ramen eriştesi, iki paket
- Hazır baharat karışımı, iki yemek kaşığı
- Su, üç bardak

TALİMATLAR:
a) Tüm malzemeleri karıştırın ve on dakika pişirin.
b) Yemeğiniz servise hazır.

35.Kimçi Erişte

İÇİNDEKİLER:
- 1 1/2 bardak kimchee
- 1 (3 oz.) paket oryantal lezzette hazır ramen eriştesi
- 1 (12 oz.) paket Spam, küp şeklinde
- 2 yemek kaşığı bitkisel yağ

TALİMATLAR:

a) Erişteleri paketin üzerindeki talimatlara göre pişirin. Tavayı orta ateşte yerleştirin. İçindeki yağı ısıtın. Spam parçalarını 3 dakika boyunca soteleyin .

b) Erişteleri süzdükten sonra karıştırın ve 3 dakika daha pişirin.

c) Kimchee'yi karıştırın ve 2 dakika pişirin. eriştelerinizi servis edin ılık.

36.Sıcak Ramen Atışı

İÇİNDEKİLER:
- 1 1/2 su bardağı su
- 1 küçük sarı soğan, ince doğranmış
- 1 kereviz kaburgası, ince doğranmış
- 6 adet yavru havuç, jülyen
- 1 (3 oz.) paket ramen eriştesi, kırık
- 1 (5 1/2 oz.) kutu domates soslu sardalya
- 2-3 çizgi acı sos

TALİMATLAR:

a) Orta ateşte büyük bir tencereye su koyun. Suyu, soğanı, kerevizi ve havuçları karıştırın. Onları 12 dakika pişirin . Erişteleri karıştırın ve 3 ila 4 dakika pişirin.

b) Sardalyaları domates ve acı sosla birlikte tencereye alın. Sert En sevdiğiniz soslarla sıcak.

37.Ramen Yemeği

İÇİNDEKİLER:
- Bitkisel yağda 1 (6 oz.) kutu ton balığı
- 1 (3 oz.) paket ramen eriştesi, herhangi bir tat
- 1/2 bardak dondurulmuş karışık sebze

TALİMATLAR:
a) Büyük bir tavayı orta ateşte yerleştirin. İçinde bir miktar yağ ısıtın.
b) Ton balığını 2 ila 3 dakika pişirin.
c) Ramen eriştelerini sebzelerle birlikte paketin üzerindeki talimatlara göre hazırlayın.
ç) Erişteleri ve sebzeleri sudan çıkarıp tavaya aktarın. Baharat paketini onlara karıştırın ve 2 ila 3 dakika pişirin.
d) Ramen ton balığınızı sıcak olarak servis edin.

38.Tatlı ve Baharatlı Ramen Tavada Kızartma

İÇİNDEKİLER:
- 1 (14 oz.) paket ekstra sert tofu, küp şeklinde
- 8 çay kaşığı soya sosu
- 2 yemek kaşığı bitkisel yağ
- 8 oz. shiitake mantarları, ince dilimlenmiş
- 2 çay kaşığı Asya biber sosu
- 3 diş sarımsak, kıyılmış
- 1 yemek kaşığı rendelenmiş taze zencefil
- 3 1/2 Bardak et suyu
- 4 (3 oz.) paket ramen eriştesi, paketler atılmış
- 3 yemek kaşığı elma sirkesi
- 2 çay kaşığı şeker
- 1 (6 oz.) torba Bebek Ispanak

TALİMATLAR:
a) Tofuyu kurulamak için kağıt havlu kullanın.
b) çay kaşığı soya sosuyla karıştırın .
c) Büyük bir tavayı orta ateşte yerleştirin. İçerisinde 1 yemek kaşığı yağı ısıtın . Tofuyu her iki tarafta 2 ila 3 dakika soteleyin, ardından süzün ve bir kenara koyun.
ç) Yağın geri kalanını aynı tavada ısıtın. Mantarı 5 dakika soteleyin . Biber sosunu, sarımsağı ve zencefili ekleyin. 40 saniye pişmelerine izin verin .
d) Rameni parçalara ayırın. Et suyuyla birlikte tavaya karıştırın ve 3 dakika ya da ramen bitene kadar pişirin.
e) yemek kaşığı soya sosu, sirke ve şekeri ekleyin . Ispanakları ekleyin ve 2 ila 3 dakika veya suyunu çekene kadar pişirin.
f) Tofuyu eriştelerin içine katlayın ve sıcak olarak servis yapın.

39. Acı Hindistan Cevizli Ramen

İÇİNDEKİLER:
- 1 (3 oz.) paket ramen eriştesi
- 2 yemek kaşığı fıstık ezmesi
- 1 çay kaşığı düşük sodyum soya sosu
- 1 1/2 çay kaşığı biber-sarımsak sosu
- 2-3 yemek kaşığı sıcak su
- 2 yemek kaşığı şekerli hindistan cevizi

Garnitür
- brokoli çiçeği
- yer fıstığı
- rendelenmiş havuç

TALİMATLAR:
a) Baharat paketini atarken erişteleri paketin üzerindeki talimatlara göre hazırlayın.
b) Geniş bir karıştırma kabı alın: Fıstık ezmesini, baharat paketinin yarısını, soya sosunu, biber-sarımsak sosunu, 2-3 yemek kaşığı sıcak suyu pürüzsüz hale gelinceye kadar çırpın.
c) Erişteleri kaseye ekleyin ve kaplamak için atın. Hizmet et erişte.
ç) Eğlence.

40.Ramen Yeşil Fasulye Tavada Kızartma

İÇİNDEKİLER:
- 1 1/2 lb. taze yeşil fasulye
- 2 (3 oz.) paket ramen eriştesi
- 1/2 su bardağı bitkisel yağ
- 1/3 C. kızarmış badem
- gerektiği kadar tuz
- gerektiği kadar karabiber

TALİMATLAR:

a) Yeşil fasulyeleri kesin ve 3 ila 4 inçlik parçalar halinde dilimleyin. Yeşil fasulyeleri buharlı tencereye koyun ve yumuşayıncaya kadar pişirin.

b) Büyük bir tava alın. 1 paket baharatla yağı karıştırın.

c) 1 paket erişteyi ezip tavaya alıp karıştırın. Buharda pişmiş yeşil fasulyeleri ekleyip 3-4 dakika pişirin.

ç) Kızartmanızın baharatını ayarladıktan sonra sıcak olarak servis yapın.

41. Ramen Seul

İÇİNDEKİLER:
- 1 orta boy patates
- 1 paket ramen noodle
- 1 yeşil soğan, dilimlenmiş (isteğe bağlı)
- 1 büyük yumurta, dövülmüş

TALİMATLAR:
a) Patatesin kabuğunu atın ve küçük küpler halinde dilimleyin.
b) Erişteleri paketin üzerindeki talimatlara göre hazırlayın, içine patatesi ekleyin ve tencereye ihtiyaç duyulan suyun 1/4'ünü ekleyin.
c) Baharat paketini karıştırıp patatesler yumuşayıncaya kadar pişirin.
ç) Yeşil soğanı tencereye alıp ramen bitene kadar pişirin. Yumurtaları pişene kadar sürekli karıştırarak çorbaya ekleyin.
d) Çorbanızı sıcak olarak servis edin.

42.Kızarmış Sebzeler ve Ramen Karıştırın

İÇİNDEKİLER:
- 4-5 sap Çin lahanası, 2 inçlik parçalar halinde kesilmiş
- 3 havuç, dilimlenmiş
- 2 yeşil dolmalık biber, ince dilimler halinde kesilmiş
- 1 paket ramen noodle, pişmiş
- 1 su bardağı taze fasulye filizi
- 1 kutu bebek mısır külçeleri, durulanmış
- 1 bardak teriyaki ezmesi ve sır
- 1 yemek kaşığı bitkisel yağ
- 1 bardak su

TALİMATLAR:
a) Yapışmaz bir tavaya biraz yağ ekleyin ve havuç, biber ve dilimlenmiş Çin lahanasını 3 dakika pişirin.
b) Fasulye filizi ve mısırla birlikte bir miktar su ekleyip 3-4 dakika pişirin.
c) Şimdi teriyakiyi ekleyin ve iyice karıştırın. 4 dakika kaynatın.
ç) Servis yapın ve tadını çıkarın.

43.Ramenli Kavrulmuş Sebzeler

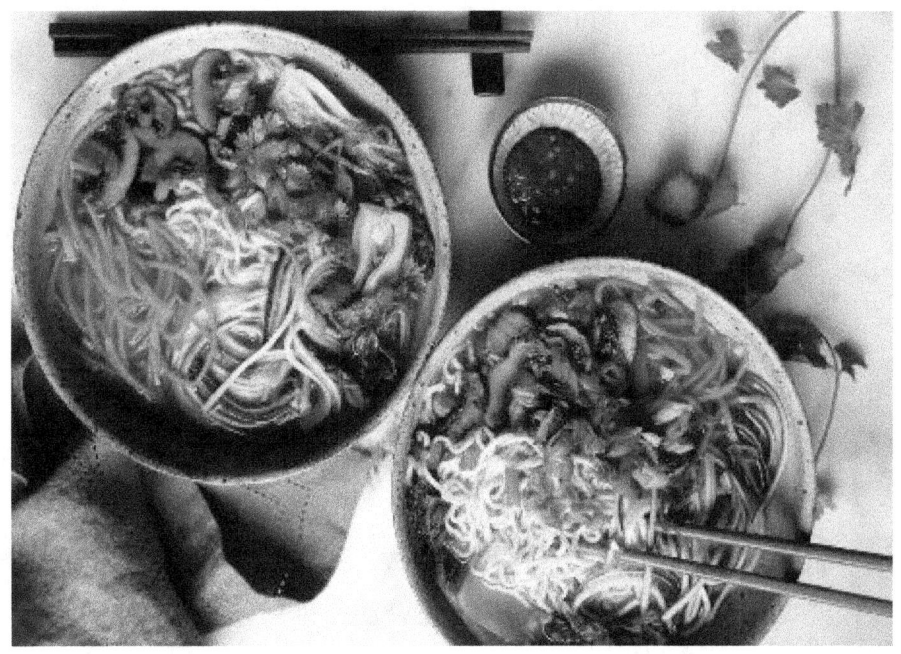

İÇİNDEKİLER:
- 2 paket erişte, pişmiş
- 2 havuç, soyulmuş, dilimlenmiş
- 1 bardak brokoli, çiçeği
- 2 paket noodle baharat karışımı
- 3 kereviz sapı, kesilmiş
- 1 kırmızı dolmalık biber, dilimlenmiş
- 1 su bardağı mantar, doğranmış
- 1 soğan, doğranmış
- Tatmak için tuz
- 1 çay kaşığı zencefil, kıyılmış
- ¼ çay kaşığı sarımsak, kıyılmış
- 2 yemek kaşığı bitkisel yağ
- 2 yemek kaşığı sirke
- 2 yemek kaşığı soya sosu

TALİMATLAR:
a) Bir tavada biraz yağı ısıtın ve soğanı zencefil sarımsak ezmesiyle 1-2 dakika kızartın.
b) Tüm sebzeleri ekleyip 4-5 dakika karıştırarak kavurun.
c) Biraz baharat ve soya sosu ekleyin, birleştirmek için iyice karıştırın.
ç) Birkaç damla su ekleyin ve kapağı kapalı olarak kısık ateşte 6 dakika pişirin.
d) Şimdi erişteleri ve sirkeyi ekleyin, karıştırın.
e) Eğlence.

44.Kırmızı Biber Limonlu Ramen

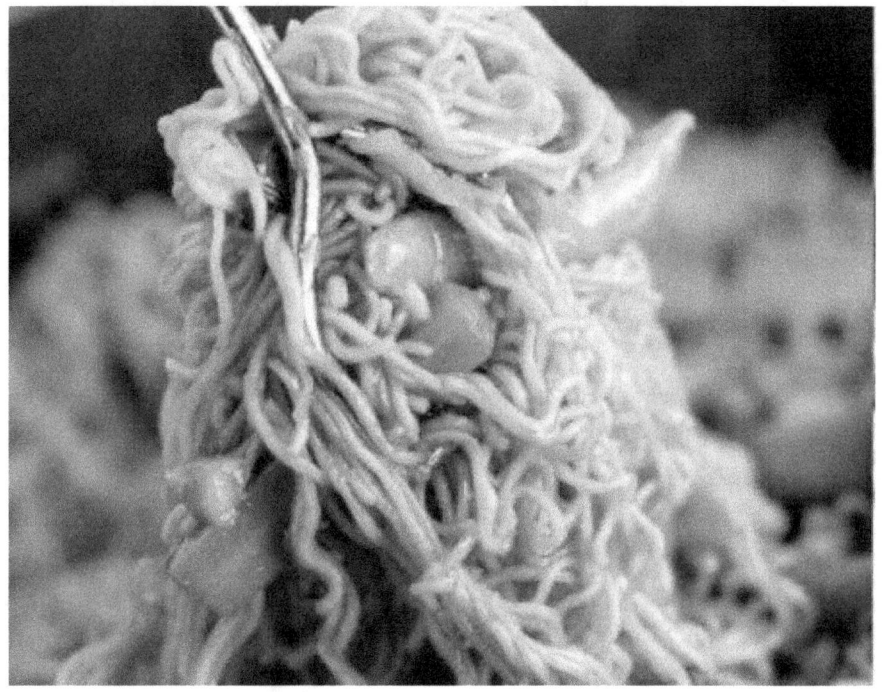

İÇİNDEKİLER:
- 4 yemek kaşığı soya sosu
- 2 çay kaşığı sambal oelek
- 1 yemek kaşığı bal
- 2 çay kaşığı pirinç sirkesi
- 2 çay kaşığı susam yağı
- 4 çay kaşığı limon suyu
- 1 çay kaşığı bitkisel yağ
- 2 yemek kaşığı zencefil, kıyılmış
- 1 soğan, dilimlenmiş
- 1 bardak kırmızı dolmalık biber, dilimlenmiş
- ¼ bardak taze doğranmış kişniş yaprağı
- 2 büyük demet yeşil soğan, doğranmış
- baharatlarla haşlanmış erişte
- baharat için tuz

TALİMATLAR:
a) Bir tavada biraz yağı ısıtın ve zencefili kokusu çıkana kadar kızartın.
b) Dolmalık biberi ekleyin ve 4-5 dakika veya iyice kavruluncaya kadar karıştırarak kızartın.
c) Şimdi tüm baharatları, tuzu, soya sosunu ve sambal oelek'i ekleyip iyice karıştırın.
ç) da ekleyip 3-4 dakika karıştırarak kavurun.
d) Erişteyi, limon suyunu, balı, sirkeyi ve susam yağını ekleyip karıştırın.
e) Servis tabağına aktarın ve üzerine yeşil soğan ekleyin.

ÇORBALAR

45.Kenchinjiru (Japon Sebze Çorbası)

İÇİNDEKİLER:
DASHİ İÇİN:
- 1 adet kombu (kurutulmuş yosun) (4 x 4 inç, parça başına 10 x 10 cm)
- 5 su bardağı su (kombu için)
- 3 adet kurutulmuş shiitake mantarı
- 1 su bardağı su (shiitake için)

ÇORBA İÇİN:
- 7 oz sert tofu (½ 14 oz blok)
- ½ paket konnyaku (konjac) (4,6 oz, 130 g)
- 7 oz daikon turpu (2 inç, 5 cm)
- 3,5 ons havuç (1 orta boy havuç)
- 3 parça taro (satoimo)
- 3,5 oz gobo (dulavratotu kökü) (½ gobo)

Baharatlar İçin:
- 1 yemek kaşığı kızarmış susam yağı
- 3 yemek kaşığı sake
- ½ çay kaşığı Elmas Kristal koşer tuzu
- 2 yemek kaşığı soya sosu

Garnitür için:
- 2 adet yeşil soğan/soğan
- Shichimi togarashi (Japon yedi baharatı) (isteğe bağlı)
- Japon sansho biberi (isteğe bağlı)

TALİMATLAR:
HAZIRLIK İÇİN:

a) Önceki Gece: 1 parça kombuyu (kurutulmuş yosun) nemli bir havluyla nazikçe temizleyin. Kombu'yu 5 bardak suda bir gece bekletin. Zamanınız yoksa ıslatmayı atlayın.

b) Kombu suyunu yavaş yavaş kaynatın. Su kaynamadan hemen önce kombuyu çıkarın ve atın. Isıyı kapatın ve bir kenara koyun.

c) 3 adet kurutulmuş shiitake mantarını küçük bir kaseye koyun ve üzerini 1 bardak suyla örtün. Mantarların suya batmasını sağlamak için üstüne daha küçük bir kase yerleştirin.

ç) 7 ons sert tofuyu bir kağıt havluyla sarın ve bir tabağa yerleştirin. Tofuyu bastırmak için üstüne başka bir tabak koyun, 30 dakika boyunca süzün.

d) ½ paket konnyaku'yu (konjac) ısırık büyüklüğünde parçalar halinde kesin. Kokuyu gidermek için 2-3 dakika kaynatın. Suyu boşaltın ve bir kenara koyun.

e) 7 ons daikon turpunu, 3,5 ons havucu ve 3 parça taro'yu (satoimo) soyun ve dilimler halinde kesin. Sümüksü dokuyu gidermek için satoimo'yu suya batırın .

f) Akan su altında 3,5 oz gobonun (dulavratotu kökü) derisini kazıyın. İnce dilimler halinde kesin. 5 dakika kadar suda bekletip süzün.

g) Shiitake mantarları yumuşayınca suyunu sıkın ve bir kenara koyun. Parçacıkları çıkarmak ve bir kenara koymak için shiitake dashi'yi ince gözenekli bir eleğe süzün.

KENCHINJIRU'YU PİŞİRMEK İÇİN:

ğ) Büyük bir tencereyi ısıtın ve 1 yemek kaşığı kızarmış susam yağı ekleyin. Daikon, havuç, taro (satoimo), gobo (dulavratotu kökü) ve konnyaku'yu yağla kaplanana kadar soteleyin.

h) Shiitake mantarlarını ve parçalanmış tofuyu ekleyin. Tüm malzemeler yağla kaplanana kadar soteleyin.

ı) Shiitake dashi ve kombu dashi'yi ekleyin. Kaynatın.

i) Kaynamak için ısıyı azaltın. Köpüğü çıkarmak için ara sıra süzerek 10 dakika pişirin.

j) 10 dakika sonra 3 yemek kaşığı sake ve ½ çay kaşığı Diamond Crystal koşer tuzu ekleyin. Sebzeler yumuşayana kadar pişirmeye devam edin. Son olarak 2 yemek kaşığı soya sosunu ekleyin.

HİZMET ETMEK:

k) Servis yapmadan hemen önce 2 yeşil soğanı/soğanı ince ince dilimleyin.

l) Çorbayı pul biberle süsleyerek servis yapın. Baharatlı seviyorsanız isteğe bağlı olarak shichimi togarashi ve Japon sansho biberi serpin.

m) Artıkları hava geçirmez bir kapta veya tencerede saklayın ve buzdolabında saklayın.

46.Japon Yamı ve Kale Çorbası

İÇİNDEKİLER:

- 2 diş sarımsak
- 1 soğan
- 1 Japon yamı
- 2 oz. kıvırcık lahana
- 1 jalapeno
- 1 koçan mısır
- 1 kutu cannellini fasulyesi
- 2 paket sebze suyu konsantresi
- ½ çay kaşığı kimyon
- 1 yemek kaşığı kekik
- 1 yemek kaşığı zeytinyağı
- Tuz ve biber

TALİMATLAR:
SEBZELERİ HAZIRLAYIN:
a) Sarımsakları kıyın.
b) Soğanı soyun ve doğrayın.
c) Japon yamını küp küp doğrayın (soyulmasına gerek yok).
ç) Lahanayı ayıklayıp yapraklarını ince ince dilimleyin.
d) Jalapeno'yu kesin, çekirdeklerini çıkarın ve kıyın.
e) Kabuğu mısırdan çıkarın ve mısır tanelerini koçandan kesin.
f) Cannellini çekirdeklerini boşaltın ve durulayın.

ÇORBAYA BAŞLAYIN:
g) 1 yemek kaşığı zeytinyağı ile orta-yüksek ateşte büyük bir tencereye koyun.
ğ) Yağ ısınınca kıyılmış sarımsağı, doğranmış soğanı, jalapeno biberini ve bir tutam tuzu ekleyin.
h) Kokusu çıkana kadar yaklaşık 2 ila 3 dakika pişirin.
ı) Çorba tenceresine doğranmış yam, mısır taneleri, cannellini fasulyesi, sebze suyu, kimyon, kekik, 3 bardak su, 1/4 çay kaşığı tuz ve bir tutam karabiber ekleyin.
i) Kaynamaya getirin, üzerini örtün ve Japon patatesleri çatalla yumuşayana kadar yaklaşık 10 ila 12 dakika pişirin.
j) Dilimlenmiş lahanayı çorbaya ekleyin ve karıştırın.
k) Japon yamasını ve lahana çorbasını büyük kaselerin arasına koyun.

47.Nori Erişte Çorbası

İÇİNDEKİLER:

- 1 (8 oz.) paket kurutulmuş soba eriştesi
- 1 bardak hazırlanmış dashi stoku
- 1/4 C. soya sosu
- 2 yemek kaşığı mirin
- 1/4 çay kaşığı beyaz şeker
- 2 yemek kaşığı susam
- 1/2 su bardağı doğranmış yeşil soğan
- 1 yaprak nori (kurutulmuş deniz yosunu), ince şeritler halinde kesilmiş (isteğe bağlı)

TALİMATLAR:

a) Erişteleri paketin üzerindeki talimatlara göre pişirin. Süzün ve bir miktar su ile soğutun.

b) Küçük bir tencereyi orta ateşte yerleştirin. Dashi, soya sosu, mirin ve beyaz şekeri karıştırın. Kaynamaya başlayıncaya kadar pişirin.

c) Isıyı kapatın ve karışımın 27 dakika boyunca ısı kaybetmesine izin verin. Susamları eriştelerle birlikte servis kaselerine paylaştırın ve üzerine et suyu çorbasını dökün.

ç) Çorba kaselerinizi nori ve yeşil soğanla süsleyin.

d) Eğlence.

48.Mantarlı Ramen Çorbası

İÇİNDEKİLER:

- 2 bardak mantar, dilimlenmiş
- 2 paket ramen noodle
- 1 çay kaşığı karabiber
- 2 yemek kaşığı acı sos
- 2 yemek kaşığı soya sosu
- 1 yemek kaşığı Worcestershire sosu
- ¼ çay kaşığı tuz
- 3 su bardağı sebze suyu
- 1 soğan, doğranmış
- 2 yemek kaşığı biber sosu
- 2 yemek kaşığı fıstık yağı

TALİMATLAR:

a) Yağı bir tencerede ısıtın ve mantarları orta ateşte 5-6 dakika karıştırarak kızartın.
b) Et suyunu, tuzu, karabiberi, acı sosu, Worcestershire sosunu, soğanı ve soya sosunu ekleyip iyice karıştırın. Birkaç dakika kaynatın.
c) Erişteleri ekleyip 3 dakika pişirin.
ç) Bittiğinde servis kasesine aktarın ve üzerine biber sosunu ekleyin.
d) Eğlence.

49. Lahanalı Miso Çorbası

İÇİNDEKİLER:
- 750 ml organik tavuk veya sebze suyu
- 3 cm'lik zencefil parçası
- 2 diş sarımsak
- 1 taze kırmızı biber
- ½ savoy lahana
- 1 havuç
- 2 yemek kaşığı miso ezmesi
- az tuzlu soya sosu
- 100 gr ipeksi tofu

TALİMATLAR:
a) Stoku bir tavaya dökün ve kaynatın.
b) Zencefili soyup jülyen haline getirin, sarımsağı soyup ince ince dilimleyin, ardından biberin çekirdeklerini çıkarıp doğrayın. Stoka ekleyin, kapağını kapatın ve 5 dakika pişirin.
c) Lahananın çekirdeklerini çıkarıp parçalayın. Havucu soyup jülyen haline getirin, ardından tavaya ekleyin, kapağını kapatın ve 3 ila 4 dakika daha veya lahana solana kadar pişirin.
ç) Tadına göre miso ezmesini ve biraz soya sosunu karıştırın.
d) Tofu ekleyin ve servis yapmadan önce birkaç dakika bekletin.

50. Tofu ve Yosunlu Miso Çorbası

İÇİNDEKİLER:
- 4 bardak Dashi
- 3 yemek kaşığı miso ezmesi
- 1/2 bardak tofu, küp şeklinde
- 2 yemek kaşığı wakame deniz yosunu, rehidre edilmiş
- 2 yeşil soğan, dilimlenmiş

TALİMATLAR:
a) Dashi'yi bir tencerede ısıtın.
b) Miso ezmesini az miktarda dashi içinde eritin ve tekrar tencereye ekleyin.
c) Tofu ve rehidre edilmiş wakame deniz yosunu ekleyin.
ç) 5 dakika pişirin, dilimlenmiş yeşil soğanla süsleyin.

51.Ispanaklı ve Yeşil Soğanlı Erişte Çorbası

İÇİNDEKİLER:

- 6 su bardağı sebze suyu
- 2 demet soba eriştesi
- 2 su bardağı taze ıspanak
- 4 yeşil soğan, dilimlenmiş
- 1 yemek kaşığı soya sosu
- 1 yemek kaşığı mirin
- 1 çay kaşığı rendelenmiş zencefil

TALİMATLAR:

a) Soba eriştelerini paket talimatlarına göre pişirin, ardından süzün.
b) Bir tencerede sebze suyunu soya sosu, mirin ve rendelenmiş zencefil ile ısıtın.
c) Taze ıspanak ve dilimlenmiş yeşil soğanı ekleyin.
ç) Ispanak solunca, pişmiş soba eriştelerini et suyuna ekleyin.

52.Tempura Sebzeli Udon Erişte Çorbası

İÇİNDEKİLER:

- 6 su bardağı sebze suyu
- 2 paket udon eriştesi
- Çeşitli tempura sebzeleri (tatlı patates, kabak, brokoli)
- 2 yemek kaşığı soya sosu
- 1 yemek kaşığı mirin
- 1 yemek kaşığı pirinç sirkesi
- Dilimlenmiş yeşil soğan (garnitür için)

TALİMATLAR:

a) Udon eriştelerini paket talimatlarına göre pişirin, ardından süzün.
b) Bir tencerede sebze suyunu soya sosu, mirin ve pirinç sirkesi ile ısıtın.
c) Tempura sebzelerini çıtır çıtır olana kadar kızartarak veya fırınlayarak hazırlayın.
ç) Udon eriştelerini et suyunda, üzerine tempura sebzeleri ve dilimlenmiş yeşil soğanla servis edin.

53. Mısır ve Bok Choy ile Ramen Çorbası

İÇİNDEKİLER:

- 4 su bardağı sebze suyu
- 2 paket ramen noodle
- 1 bardak dilimlenmiş shiitake mantarı
- 1 bardak dilimlenmiş bok lahana
- 1 su bardağı mısır taneleri
- 1 yemek kaşığı soya sosu
- 1 yemek kaşığı miso ezmesi
- 1 çay kaşığı susam yağı

TALİMATLAR:

a) Ramen eriştelerini paket talimatlarına göre pişirin, ardından süzün.
b) Bir tencerede sebze suyunu soya sosu, miso ezmesi ve susam yağıyla ısıtın.
c) Çin lahanasını ve mısır tanelerini ekleyin .
ç) Sebzeler yumuşayana kadar 5-7 dakika pişirin.
d) Ramen eriştelerini et suyunda servis edin.

54.Soya Sütü ve Balkabağı Çorbası

İÇİNDEKİLER:
- 4 bardak şekersiz soya sütü
- 1 bardak kabak, soyulmuş ve doğranmış
- 1 soğan, doğranmış
- 2 yemek kaşığı miso ezmesi
- 1 yemek kaşığı soya sosu
- 1 yemek kaşığı susam yağı
- 1 çay kaşığı rendelenmiş sarımsak

TALİMATLAR:

a) Bir tencerede soğanı susam yağında şeffaflaşana kadar kavurun.
b) Balkabağını ekleyin ve birkaç dakika pişirmeye devam edin.
c) Soya sütünü dökün ve kaynamaya bırakın.
ç) Miso ezmesini az miktarda et suyunda eritin ve tekrar tencereye ekleyin.
d) Soya sosu ve rendelenmiş sarımsakla tatlandırın. Balkabağı yumuşayana kadar pişirin.

55.Hokkaido Sukiyaki Çorbası

İÇİNDEKİLER:
- 4 su bardağı sebze suyu
- 1/4 bardak soya sosu
- 2 yemek kaşığı mirin
- 2 yemek kaşığı şeker
- 1 bardak tofu, dilimlenmiş
- 1 bardak shirataki erişte
- Çeşitli sebzeler (Napa lahanası, mantar, yeşil soğan)

TALİMATLAR:
a) Bir tencerede sebze suyu, soya sosu, mirin ve şekeri birleştirin.
b) Tofu, shirataki eriştesi ve çeşitli sebzeleri ekleyin.
c) Sebzeler yumuşayıncaya kadar pişirin.
ç) Haşlanmış pirinçle sıcak olarak servis yapın.

56. Somen Erişte Çorbası

İÇİNDEKİLER:

- 6 su bardağı sebze suyu
- 2 demet noodle
- 1 su bardağı kar bezelyesi, ince dilimlenmiş
- 1 havuç, jülyen doğranmış
- 1 yemek kaşığı soya sosu
- 1 yemek kaşığı pirinç sirkesi
- Süslemek için susam ve dilimlenmiş yeşil soğan

TALİMATLAR:

a) Erişteleri paket talimatlarına göre pişirin , ardından süzün.
b) Bir tencerede sebze suyunu soya sosu ve pirinç sirkesi ile ısıtın.
c) Dilimlenmiş kar bezelyesini ve jülyen doğranmış havuçları ekleyin.
ç) Somen noodle'ları susam ve dilimlenmiş yeşil soğanla süslenmiş et suyunda servis edin .

57. Erişte Köri Çorbası

İÇİNDEKİLER:

- 3 havuç, ısırık büyüklüğünde parçalar halinde kesilmiş
- lokma büyüklüğünde doğranmış
- 3 yemek kaşığı su
- 1/4 C. bitkisel yağ
- 1/2 bardak çok amaçlı un
- 2 yemek kaşığı çok amaçlı un
- 2 yemek kaşığı kırmızı köri tozu
- 5 C. sıcak sebze suyu
- 1/4 C. soya sosu
- 2 çay kaşığı akçaağaç şurubu
- 8 oz. udon eriştesi veya tadına göre daha fazlası

TALİMATLAR:

a) Mikrodalgaya dayanıklı bir kap alın: Havuç ve soğanla birlikte suyu karıştırın. kapağını kapatıp yüksek ateşte 4 dakika 30 saniye pişirin

b) Orta ateşte bir çorba tenceresi yerleştirin. İçindeki yağı ısıtın. Buna 1/2 bardak artı 2 yemek kaşığı un ekleyin ve bir macun yapmak için karıştırın.

c) Köriyi sıcak et suyuyla birlikte ekleyin ve sürekli karıştırarak 4 dakika pişirin . Pişmiş soğanı ve havucu soya sosu ve akçaağaç şurubu ile ekleyin.

ç) Erişteleri paketin üzerindeki talimatlara göre yumuşayıncaya kadar pişirin.

d) Çorba kaynamaya başlayıncaya kadar pişirin. Erişteleri karıştırın ve servis yapın çorban sıcak.

58.Mantarlı Ramen Çorbası

İÇİNDEKİLER:
- 2 su bardağı ıspanak yaprağı
- 2 paket ramen noodle
- 3 su bardağı sebze suyu
- 3-4 diş sarımsak, kıyılmış
- ¼ çay kaşığı soğan tozu
- Tatmak için biber ve tuz
- 1 yemek kaşığı bitkisel yağ
- ¼ bardak taze soğan, doğranmış
- 3-4 mantar, doğranmış

TALİMATLAR:
a) Bir tencereye sebze suyunu, tuzu, yağı ve sarımsağı ekleyip 1-2 dakika kaynatın.
b) Şimdi erişteyi, mantarı, taze soğanı, ıspanağı ve karabiberi ekleyip 2-3 dakika pişirin.
c) Sıcak tadını çıkarın.

ET SUYU

59.Dashi Broth

İÇİNDEKİLER:

- 25 gr shiitake mantarı (kurutulmuş)
- 10 gr kombu
- 1 litre su

TALİMATLAR:

a) Min. ile bir tencereye alın. 500 ml kapasiteli ve bir tencereye Shiitake Pile'ı, diğerine kombu'yu koyun.
b) Her iki tencereyi de kaynatın ve ardından 1 saat pişmeye bırakın.
c) Son olarak malzemeleri süzün ve iki demlemeyi birbirine ekleyin.
ç) Bir çorba kasesine her birine 235 ml koyun. İsteğe göre makarna ve malzemeleri ekleyin.

60.Umami Sebze Suyu

İÇİNDEKİLER:

- 2 yemek kaşığı hafif miso ezmesi
- 2 Yemek kaşığı kolza yağı
- 2 yemek kaşığı su
- 2 soğan (soyulmuş ve ince doğranmış)
- 2 havuç (soyulmuş ve ince doğranmış)
- 4 kereviz sapı (ince doğranmış)
- 1 çubuk pırasa (ince doğranmış)
- 1 ampul rezene (ince doğranmış)
- 5 kişniş kökü
- 1 baş sarımsak (yarıya bölünmüş)
- ½ demet düz yapraklı maydanoz
- 5 adet kurutulmuş shiitake mantarı
- 20 gr kombu
- 2 çay kaşığı tuz
- 1 çay kaşığı karabiber
- 2 adet defne yaprağı
- ½ çay kaşığı sarı hardal tohumu
- ½ çay kaşığı kişniş tohumu
- 3,5 litre su

TALİMATLAR:

a) Miso ezmesini kolza yağı ve 2 yemek kaşığı suyla karıştırıp bir kenara koyun.

b) Sebzeleri, kombu ve shiitake mantarlarını bir fırın tepsisine yerleştirin. Üzerine karışık miso ezmesini gezdirin. Tamamını 150°C sıcaklıktaki fırında 1 saat bekletin. Arada ters çevirin.

c) Daha sonra kavrulmuş sebzeleri geniş bir tencereye koyun. Baharatları ekleyin ve suyu dökün. Her şeyi kaynatın, ısıyı azaltın ve 1,5 saat pişmeye bırakın.

ç) Bir çorba kasesine her birine 235 ml koyun. İsteğe göre makarna ve malzemeleri ekleyin.

61.Hokkaido Açık Soğan Çorbası

İÇİNDEKİLER:
- 6 su bardağı sebze suyu
- 2 soğan (küp doğranmış)
- 1 kereviz sapı (doğranmış)
- 1 havuç (soyulmuş ve doğranmış)
- 1 yemek kaşığı sarımsak (kıyılmış)
- ½ çay kaşığı zencefil (kıyılmış)
- 1 çay kaşığı susam yağı
- 1 bardak düğme mantarı (çok ince dilimlenmiş)
- ½ bardak yeşil soğan (dilimlenmiş)
- tuz ve biberin tadına bakmak
- soya sosunu tatmak (isteğe bağlı)
- Sriracha'yı tatmak (isteğe bağlı)

TALİMATLAR:
a) Soğanları bir tencerede biraz yağda hafif karamelize olana kadar soteleyin. 10 dakika kadar.
b) Havucu, kerevizi, sarımsağı, zencefili, susam yağını ve et suyunu ekleyin. Tuz ve karabiberle tatlandırın.
c) Kaynatın ve ardından 30 dakika pişirin.
ç) Sebzeleri et suyundan süzün.
d) Kaselere bir avuç yeşil soğan ve ince dilimlenmiş mantar ekleyin. Üzerine çorbayı dökün.
e) İsteğe bağlı: Tadına bir miktar soya sosu ve sriracha ekleyin.

62.Miso Çorbası Tabanı

İÇİNDEKİLER:
- 4 bardak Dashi
- 3 yemek kaşığı beyaz veya kırmızı miso ezmesi
- 1 bardak tofu, küp şeklinde
- 1 bardak wakame deniz yosunu, rehidre edilmiş

TALİMATLAR:
a) Bir tencerede Dashi'yi kaynama noktasına gelene kadar ısıtın.
b) Miso ezmesini az miktarda dashi içinde eritin ve tekrar tencereye ekleyin.
c) Tofu ve rehidre edilmiş wakame deniz yosunu ekleyin.
ç) Tofu iyice ısınana kadar yaklaşık 5 dakika pişirin. Miso eklendikten sonra kaynatmayın.

63.Soya Sosu Bazlı Et Suyu

İÇİNDEKİLER:
- 4 su bardağı su veya sebze suyu
- 1/4 bardak soya sosu
- 2 yemek kaşığı mirin
- 1 yemek kaşığı sake (isteğe bağlı)
- 1 yemek kaşığı şeker
- 1 çay kaşığı rendelenmiş zencefil

TALİMATLAR:
a) Bir tencerede su veya sebze suyu, soya sosu, mirin, sake, şeker ve rendelenmiş zencefili birleştirin.
b) Kaynamaya bırakın ve 10-15 dakika pişmeye bırakın.
c) Baharatını damak tadınıza göre ayarlayın.

64.Sebzeli Ramen Suyu

İÇİNDEKİLER:

- 6 su bardağı sebze suyu
- 1 soğan, dilimlenmiş
- 3 diş sarımsak, kıyılmış
- 1 havuç, dilimlenmiş
- 1 kereviz sapı, doğranmış
- 1 yemek kaşığı soya sosu
- 1 yemek kaşığı miso ezmesi

TALİMATLAR:

a) Bir tencerede soğanı, sarımsağı, havucu ve kerevizi yumuşayana kadar soteleyin.
b) Sebze suyu, soya sosu ve miso ezmesini ekleyin. İyice karıştırın.
c) Kaynamaya bırakın ve 15-20 dakika pişirin.
ç) Katıları atarak suyu süzün.

65.Shiitake Mantarı Suyu

İÇİNDEKİLER:
- 6 su bardağı su veya sebze suyu
- 1 su bardağı kurutulmuş shiitake mantarı
- 1 soğan, dörde bölünmüş
- 2 diş sarımsak, ezilmiş
- 1 adet kombu (isteğe bağlı)

TALİMATLAR:
a) Bir tencerede su veya sebze suyunu, kurutulmuş shiitake mantarlarını, soğanı, sarımsağı ve kombuyu birleştirin.
b) Kaynatın ve daha sonra ısıyı azaltarak kaynamaya bırakın. 20-30 dakika pişirin.
c) Katıları atarak suyu süzün.

66.Susam Miso Suyu

İÇİNDEKİLER:

- 4 su bardağı sebze suyu
- 3 yemek kaşığı beyaz miso ezmesi
- 2 yemek kaşığı tahin (susam ezmesi)
- 1 yemek kaşığı soya sosu
- 1 çay kaşığı susam yağı
- 1 yeşil soğan, doğranmış

TALİMATLAR:

a) Bir tencerede sebze suyunu kaynama noktasına gelene kadar ısıtın.
b) Küçük bir kapta miso ezmesini, tahini, soya sosunu ve susam yağını karıştırarak pürüzsüz bir macun elde edin.
c) Miso karışımını sıcak et suyuna ekleyin ve iyice karıştırın.
ç) 5-7 dakika pişirin, doğranmış yeşil soğanla süsleyin.

67.Baharatlı Tofu ve Kimchi Suyu

İÇİNDEKİLER:
- 4 bardak Dashi
- 1/2 bardak kimchi, doğranmış
- 1/2 bardak sert tofu, küp şeklinde
- 2 yemek kaşığı gochujang (Kore kırmızı biber salçası)
- 1 yemek kaşığı soya sosu
- 1 çay kaşığı susam

TALİMATLAR:
a) Bir tencerede dashi, kimchi, tofu, gochujang ve soya sosunu birleştirin.
b) Kaynamaya bırakın ve 10 dakika pişirin.
c) Servis yapmadan önce susam tohumu ile süsleyin.

68.Vejetaryen Kotteri Suyu

İÇİNDEKİLER:

- 500 gr balkabağı (yaklaşık 300 gr soyulmuş ve kabaca doğranmış)
- 2 soğan (soyulmuş ve kabaca doğranmış)
- 3 diş sarımsak (soyulmuş)
- 100 gr taze shiitake mantarı
- 6 adet kurutulmuş shiitake mantarı
- 6-8 gr kombu
- 2 litre su
- 2 çay kaşığı pul biber tozu
- 2 yemek kaşığı zencefil (doğranmış)
- 75 ml soya sosu
- 4 WL miso ezmesi
- 3 Yemek kaşığı pirinç sirkesi
- 3 Yemek kaşığı Hindistan cevizi yağı
- 2 çay kaşığı tuz
- zeytin yağı

TALİMATLAR:

a) Fırını önceden 250 ° C'ye ısıtın.
b) Büyük bir tencereye alın ve yaklaşık 2 litre suyu kaynatın. Kurutulmuş shiitake mantarlarını ve kombuyu ekleyin. Isıyı azaltın ve her şeyin yaklaşık 1 saat kaynamasına izin verin.
c) Balkabağını, soğanı, sarımsağı ve taze shiitake mantarlarını biraz zeytinyağı ve kırmızı biberle karıştırıp bir fırın tepsisine yayın.
ç) Sebzeleri fırında yaklaşık 15 dakika kadar pişirin.
d) dakika. Sıcaklığı 225 ° C'ye düşürün ve 15 dakika daha pişirin.
e) Et suyu bir saat kaynatıldıktan sonra mantarları ve kombuları çıkarın, sebzeleri ve zencefili ekleyin. Kapağı kapalı olarak et suyunu 20 dakika pişmeye bırakın.
f) Et suyunu ince bir şekilde püre haline getirin.
g) Daha sonra miso ezmesini, soya sosunu, pirinç sirkesini, hindistancevizi yağını ve tuzu ekleyip suyu tekrar püre haline getirin. Gerekirse et suyu suyla seyreltilebilir.
ğ) Bir çorba kasesine her birine 235 ml koyun. İsteğe göre makarna ve malzemeleri ekleyin.

69.Udon Erişte Suyu

İÇİNDEKİLER:
- 6 su bardağı sebze suyu
- 1 bardak dilimlenmiş shiitake mantarı
- 1 bardak Çin lahanası, doğranmış
- 2 yemek kaşığı soya sosu
- 1 yemek kaşığı mirin
- 1 çay kaşığı rendelenmiş zencefil
- 8 ons udon eriştesi, pişmiş

TALİMATLAR:
a) Bir tencerede sebze suyu, shiitake mantarları, Çin lahanası, soya sosu, mirin ve rendelenmiş zencefili birleştirin.
b) Sebzeler yumuşayana kadar 15-20 dakika kadar pişirin.
c) Pişen udon eriştelerini servis kaselerine paylaştırın ve sıcak et suyunu üzerlerine dökün.

70.Hokkaido Yeşil Çay Suyu

İÇİNDEKİLER:
- 4 bardak su
- 2 yeşil çay poşeti
- 1 yemek kaşığı soya sosu
- 1 yemek kaşığı mirin
- 1 çay kaşığı rendelenmiş limon otu
- 1 su bardağı ıspanak, doğranmış

TALİMATLAR:
a) Suyu kaynatın ve yeşil çay poşetlerini 5 dakika boyunca demleyin.
b) Çay poşetlerini çıkarın ve soya sosu, mirin ve rendelenmiş limon otunu ekleyin.
c) Kıyılmış ıspanakları ekleyip 3-5 dakika daha pişirin.

71.Sebzeli Miso Mantar Suyu

İÇİNDEKİLER:
- 5 su bardağı sebze suyu
- 1/2 bardak kurutulmuş shiitake mantarı
- 1 su bardağı dilimlenmiş istiridye mantarı
- 3 yemek kaşığı beyaz miso ezmesi
- 2 yemek kaşığı soya sosu
- 1 yemek kaşığı susam yağı

TALİMATLAR:
a) Bir tencerede sebze suyunu, kurutulmuş shiitake mantarlarını, istiridye mantarlarını, miso ezmesini, soya sosunu ve susam yağını birleştirin.
b) 20-25 dakika kaynatın.
c) Servis yapmadan önce gerekirse baharatı ayarlayın.

72.Zencefil Limon Otu Suyu

İÇİNDEKİLER:
- 4 su bardağı sebze suyu
- 2 yemek kaşığı soya sosu
- 1 yemek kaşığı miso ezmesi
- 1 yemek kaşığı rendelenmiş zencefil
- 2 limon otu sapı, ezilmiş
- 1 havuç, dilimlenmiş
- 1 bardak kar bezelyesi, kesilmiş

TALİMATLAR:

a) Bir tencerede sebze suyu, soya sosu, miso ezmesi, rendelenmiş zencefil ve ezilmiş limon otunu birleştirin.
b) Dilimlenmiş havuç ve kar bezelye ekleyin.
c) Sebzeler yumuşayana kadar 15-20 dakika kadar pişirin.

73.Kestane Shiitake Suyu

İÇİNDEKİLER:
- 5 bardak su
- 1 su bardağı kurutulmuş shiitake mantarı
- 1 su bardağı kavrulmuş kestane, soyulmuş
- 1 yemek kaşığı soya sosu
- 1 yemek kaşığı mirin
- 1 çay kaşığı susam yağı

TALİMATLAR:
a) Bir tencerede su, kurutulmuş shiitake mantarları, kavrulmuş kestane, soya sosu, mirin ve susam yağını birleştirin.
b) 20-25 dakika kaynatın.
c) Katıları atarak suyu süzün.

74.Tatlı Patates ve Hindistan Cevizi Suyu

İÇİNDEKİLER:
- 4 su bardağı sebze suyu
- 1 bardak tatlı patates, doğranmış
- 1 kutu (14 oz) hindistan cevizi sütü
- 2 yemek kaşığı soya sosu
- 1 yemek kaşığı akçaağaç şurubu
- 1 çay kaşığı köri tozu

TALİMATLAR:
a) Bir tencerede sebze suyu, doğranmış tatlı patates, hindistan cevizi sütü, soya sosu, akçaağaç şurubu ve köri tozunu birleştirin.
b) Tatlı patatesler yumuşayana kadar 15-20 dakika pişirin.

75.Sake ve Kurutulmuş Mantar Suyu

İÇİNDEKİLER:

- 4 bardak su
- 1 su bardağı kurutulmuş shiitake mantarı
- 1 su bardağı kurutulmuş ahşap kulak mantarı
- 1/4 bardak soya sosu
- 2 yemek kaşığı sake
- 1 yemek kaşığı pirinç sirkesi

TALİMATLAR:

a) Bir tencerede su, kurutulmuş shiitake mantarları, kurutulmuş kulak mantarları, soya sosu, sake ve pirinç sirkesini birleştirin.
b) 20-25 dakika kaynatın.
c) Katıları atarak suyu süzün.

76.Wasabi ve Nori İnfüze Et Suyu

İÇİNDEKİLER:
- 4 su bardağı sebze suyu
- 1 yemek kaşığı soya sosu
- 1 yemek kaşığı miso ezmesi
- 1 yemek kaşığı pirinç sirkesi
- 1 çay kaşığı wasabi ezmesi
- parçalara ayrılmış

TALİMATLAR:

a) Bir tencerede sebze suyu, soya sosu, miso ezmesi, pirinç sirkesi, wasabi ezmesi ve yırtık noriyi birleştirin.
b) 15-20 dakika kadar kaynatıp tatların birbirine geçmesini sağlayın.
c) Nori parçalarını atarak suyu süzün.

77.Temiz Mantar Çorbası

İÇİNDEKİLER:

- 6 bardak su
- 1 bardak dilimlenmiş shiitake mantarı
- 1 bardak dilimlenmiş enoki mantarı
- 1 su bardağı dilimlenmiş istiridye mantarı
- 1 havuç, jülyen doğranmış
- 1 yemek kaşığı soya sosu
- 1 yemek kaşığı mirin
- 1 yemek kaşığı sake (isteğe bağlı)
- 1 çay kaşığı susam yağı

TALİMATLAR:

a) Bir tencerede suyu kaynatın.
b) Shiitake, enoki, istiridye mantarı ve jülyen doğranmış havuç ekleyin.
c) Soya sosu, mirin, sake ve susam yağıyla tatlandırın.
ç) Sebzeler yumuşayana kadar 15-20 dakika kadar pişirin.

SALATALAR

78.Susamlı Yosun Salatası

İÇİNDEKİLER:
- 1 bardak wakame deniz yosunu, rehidre edilmiş
- 1 yemek kaşığı susam yağı
- 1 yemek kaşığı soya sosu
- 1 yemek kaşığı pirinç sirkesi
- 1 çay kaşığı şeker
- Garnitür için susam tohumları

TALİMATLAR:
a) Rehidre edilmiş wakame deniz yosununu susam yağı, soya sosu, pirinç sirkesi ve şekerle karıştırın.
b) Servis yapmadan önce susam tohumu ile süsleyin.

79.Elmalı Ramen Salatası

İÇİNDEKİLER:
- 12 oz. Brokoli çiçekleri
- 1 (12 oz.) torba brokoli lahana salatası karışımı
- 1/4 C. ayçiçeği çekirdeği
- 2 (3 oz.) paket ramen eriştesi
- 3 yemek kaşığı tereyağı
- 2 yemek kaşığı zeytinyağı
- 1/4 C. dilimlenmiş badem
- 3/4 C. bitkisel yağ
- 1/4 C. esmer şeker
- 1/4 C. elma sirkesi
- doğranmış yeşil soğan

TALİMATLAR:
a) Büyük bir tavayı orta ateşte yerleştirin. İçindeki yağı ısıtın.
b) Ezmek için rameninizi ellerinizle bastırın. Bademlerle birlikte tavada karıştırın.
c) Bunları 6 dakika pişirin ve ardından tavayı bir kenara koyun.
ç) Büyük bir karıştırma kabı alın: Brokoli, brokoli salatası ve ayçiçeklerini içine atın. Erişte karışımını ekleyin ve tekrar atın.
d) Küçük bir karıştırma kabı alın: Salata sosu yapmak için bitkisel yağı, esmer şekeri, elma sirkesini ve Ramen şehriye baharat paketini içinde birleştirin.
e) Salata sosunu salatanın her yerine gezdirin ve kaplayacak şekilde karıştırın. Salatanızı üzerine yeşil soğanla birlikte servis edin. Eğlence.

80.Sambal Ramen Salatası

İÇİNDEKİLER:
- 1 (3 oz.) paket ramen eriştesi
- 1 bardak lahana, kıyılmış
- 1 inçlik parçalar halinde kesilmiş
- 2-3 havuç
- kar bezelyesi, jülyenlenmiş
- 3 yemek kaşığı mayonez
- 1/2 çay kaşığı sambal oelek veya sriracha
- 1-2 çay kaşığı limon suyu
- 1/4 C. fıstık, doğranmış
- kişniş, doğranmış

TALİMATLAR:
a) Erişteleri paketin üzerindeki talimatlara göre hazırlayıp 2 dakika kadar pişirin. Sudan çıkarıp süzülmesi için bir kenara koyun.
b) Sosu hazırlamak için mayonez, sambal olek ve limon suyunu çırpın.
c) Büyük bir karıştırma kabı alın: Lahanayı, havuçları, yeşil soğan, kar bezelye, pişmiş erişte, mayonez sosu, bir tutam tuz ve biber. Bunları iyice karıştırın.
ç) Salatanızı servis edin ve afiyetle yiyin.

81. Hokkaido Serrano Ramen Salatası

İÇİNDEKİLER:
- 1 sarı soğan, doğranmış
- 2 roma domates, doğranmış
- 1 serrano biber, doğranmış
- 1 kırmızı biber, kavrulmuş ve soyulmuş, orta doğranmış
- 1 su bardağı doğranmış karışık sebze
- 2 (3 oz.) paket oryantal aromalı hazır ramen eriştesi
- 1 sebze bulyon küpü
- 1 çay kaşığı kimyon tozu
- 1 çay kaşığı kırmızı toz biber
- 4 yemek kaşığı spagetti sosu
- 2 çay kaşığı kanola yağı veya 2 çay kaşığı başka herhangi bir bitkisel yağ

TALİMATLAR:

a) Büyük bir tavayı orta ateşte yerleştirin. İçindeki yağı ısıtın. Soğanı domates ve serrano biberiyle birlikte 3 dakika soteleyin.

b) Bir baharat paketini ve Maggi bulyon küpünü karıştırın. Sebzeleri, kimyonu ve 1/2 C. suyu karıştırın. Bunları 6 dakika pişirin. Spagetti sosunu karıştırın ve 6 dakika daha pişirin.

c) Erişteleri paketin üzerindeki talimatlara göre hazırlayın. Erişteleri sebze karışımıyla karıştırın. Sıcak olarak servis yapın. Eğlence.

82.Mandalinalı Ramen Salatası

İÇİNDEKİLER:
- 1 (16 oz.) paket lahana salatası karışımı
- 2 (3 oz.) paket ramen eriştesi, ufalanmış
- 1 su bardağı dilimlenmiş badem
- 1 (11 oz.) kutu mandalina, süzülmüş
- 1 su bardağı kavrulmuş ayçiçeği çekirdeği, kabuklu
- 1 demet yeşil soğan, doğranmış
- 1/2 su bardağı şeker
- 3/4 C. bitkisel yağ
- 1/3 C. beyaz sirke
- 2 paket ramen baharatı

TALİMATLAR:
a) Sosu hazırlamak için sirkeyi, ramen baharatını, yağı ve şekeri çırpın.

b) Erişte, badem, mandalina, ayçiçeği çekirdeği ve soğanla birlikte lahana salatası karışımını içine atın.

c) Pansumanı üzerlerine gezdirin ve üzerini kaplayın. Salatayı 60 dakika buzdolabında beklettikten sonra servis yapın. Eğlence.

83.Çekirdeği ile Ramen

İÇİNDEKİLER:
RAMEN
- 16 oz. rendelenmiş lahana veya lahana salatası karışımı
- 2/3 su bardağı ayçiçeği çekirdeği
- 1/2 su bardağı kıyılmış badem
- 3 torba oryantal lezzette hazır ramen eriştesi, çıtır, pişmemiş, paket kayıtlı
- 1 demet yeşil soğan, doğranmış

SİRKE
- 1/2 su bardağı sıvı yağ
- 3 yemek kaşığı kırmızı şarap sirkesi
- 3 yemek kaşığı şeker
- 2 çay kaşığı biber
- eriştesinden baharat

TALİMATLAR:
a) Geniş bir karıştırma kabı alın: Salata malzemelerini içine atın.
b) Küçük bir karıştırma kabı alın: İçerisine sos malzemelerini çırpın.
c) Sosu salatanın üzerine gezdirin ve üzerini kaplayın. Servis et derhal.
ç) Eğlence.

84.Kremalı Fındık ve Erişte Salatası

İÇİNDEKİLER:

- 1 paket ramen noodle
- 1 su bardağı doğranmış kereviz
- 1 (8 oz.) kutu dilimlenmiş su kestanesi, süzülmüş
- 1 su bardağı doğranmış kırmızı soğan
- 1 su bardağı doğranmış yeşil biber
- 1 bardak bezelye
- 1 bardak mayonez

TALİMATLAR:

a) Erişteleri 4 parçaya bölün. Bunları paketin üzerindeki talimatlara göre hazırlayın.

b) Büyük bir karıştırma kabı alın: Erişteleri süzün ve içine kereviz, kestane, soğan, biber ve bezelyeyi atın.

c) Mayonez ve 3 baharat paketini çırpın. Bunları salataya ekleyin ve üzerini kaplayın.

ç) Salatayı 1-2 saat buzdolabında beklettikten sonra servis yapın.

85.Japon Esintili Susamlı Zencefil Salatası

İÇİNDEKİLER:
- 6 su bardağı karışık salata yeşillikleri (marul, ıspanak, roka)
- 1 salatalık, ince dilimlenmiş
- 1 havuç, jülyen doğranmış
- 1 su bardağı kiraz domates, ikiye bölünmüş
- 2 yemek kaşığı susam

PANSUMAN:
- 3 yemek kaşığı soya sosu
- 2 yemek kaşığı pirinç sirkesi
- 1 yemek kaşığı akçaağaç şurubu
- 1 yemek kaşığı susam yağı
- 1 çay kaşığı rendelenmiş zencefil

TALİMATLAR:
a) Büyük bir kapta salata yeşilliklerini, salatalık, havuç ve kiraz domatesleri birleştirin.
b) Küçük bir kapta sos malzemelerini birlikte çırpın.
c) Sosu salatanın üzerine gezdirin, iyice karıştırın.
ç) Servis etmeden önce üzerine susam serpin.

86.Miso Sırlı Kavrulmuş Sebze Salatası

İÇİNDEKİLER:
- 4 su bardağı karışık kavrulmuş sebzeler (tatlı patates, dolmalık biber, kabak)
- 1 bardak kinoa, pişmiş
- 1/4 bardak dilimlenmiş badem
- 1/4 su bardağı doğranmış taze kişniş

Pansuman:
- 2 yemek kaşığı beyaz miso ezmesi
- 2 yemek kaşığı pirinç sirkesi
- 1 yemek kaşığı soya sosu
- 1 yemek kaşığı akçaağaç şurubu
- 1 yemek kaşığı susam yağı

TALİMATLAR:
a) Kavrulmuş sebzeleri ve kinoayı geniş bir kapta birleştirin.
b) Sosu hazırlamak için küçük bir kapta miso ezmesini, pirinç sirkesini, soya sosunu, akçaağaç şurubunu ve susam yağını çırpın.
c) Sosu sebzelerin ve kinoanın üzerine dökün, iyice karıştırın.
ç) Servis yapmadan önce dilimlenmiş badem ve kişniş ile süsleyin.

87. Nohut ve Avokado Salatası

İÇİNDEKİLER:
- 2 su bardağı pişmiş nohut
- 1 avokado, doğranmış
- 1 su bardağı kiraz domates, ikiye bölünmüş
- 1/2 kırmızı soğan, ince doğranmış
- 1/4 bardak doğranmış taze maydanoz

PANSUMAN:
- 3 yemek kaşığı zeytinyağı
- 2 yemek kaşığı limon suyu
- 1 diş sarımsak, kıyılmış
- Tatmak için biber ve tuz

TALİMATLAR:
a) Büyük bir kapta nohut, avokado, kiraz domates, kırmızı soğan ve maydanozu birleştirin.
b) Küçük bir kapta zeytinyağı, limon suyu, kıyılmış sarımsak, tuz ve karabiberi birlikte çırpın.
c) Sosu salatanın üzerine dökün ve birleştirmek için hafifçe karıştırın.

88.Çıtır Kızarmış Tofu Suşi Kasesi

İÇİNDEKİLER:

- 4 bardak hazırlanmış Geleneksel Suşi pirinci
- 6 ons sert tofu, kalın dilimlenmiş
- 2 yemek kaşığı patates nişastası veya mısır nişastası
- suyla karıştırılmış 1 büyük yumurta akı
- ½ su bardağı ekmek kırıntısı
- 1 çay kaşığı koyu susam yağı
- 1 çay kaşığı yemeklik yağ
- ½ çay kaşığı tuz
- kibrit çöpüne kesilmiş bir havuç
- ½ avokado, ince dilimler halinde kesilmiş
- 4 yemek kaşığı mısır taneleri, pişmiş
- 4 çay kaşığı kıyılmış yeşil soğan, sadece yeşil kısımları
- şeritler halinde kesilmiş

TALİMATLAR:

a) Suşi Pilavını hazırlayın.
b) Dilimleri kağıt havlu veya temiz bulaşık havlusu katmanları arasına sıkıştırın ve üzerine ağır bir kase koyun.
c) Tofu dilimlerinin en az 10 dakika süzülmesine izin verin.
ç) Fırınınızı 375°F'ye ısıtın.
d) Süzülmüş tofu dilimlerini patates nişastasına bulayın.
e) Dilimleri yumurta akı karışımına koyun ve kaplayacak şekilde çevirin.
f) Panko, koyu susam yağı, tuz ve yemeklik yağı orta boy bir kapta karıştırın.
g) Panko karışımlarından bazılarını tofu dilimlerinin her birine hafifçe bastırın.
ğ) Dilimleri parşömen kağıdıyla kaplı bir fırın tepsisine koyun.
h) 10 dakika pişirin, ardından dilimleri ters çevirin.
ı) 10 dakika daha veya panko kaplaması gevrek ve altın rengi kahverengi olana kadar pişirin.
i) Dilimleri fırından çıkarın ve hafifçe soğumasını bekleyin.
j) 4 küçük servis kasesi toplayın. Her kaseye ¾ bardak Suşi Pirinci eklemeden önce parmak uçlarınızı ıslatın.
k) Her kasedeki pirincin yüzeyini yavaşça düzleştirin. Panko tofu dilimlerini 4 kaseye bölün.
l) Her kaseye havuç kibrit çöplerinin ¼'ünü ekleyin.
m) Her kaseye avokado dilimlerinin ¼'ünü koyun. Her kasenin üzerine 1 yemek kaşığı mısır tanesini koyun.
n) Servis yapmak için, nori şeritlerinin ¼'ünü her kasenin üzerine serpin. Tatlandırılmış Soya Şurubu veya soya sosu ile servis yapın.

TATLILAR

89. Japon Limonlu Shochu

İÇİNDEKİLER:
- 20 ml taze limon suyu
- 20ml shochu
- 40ml soda
- Süslemek için misket limonu ve limon dilimleri

TALİMATLAR:
a) Temiz bir kokteyl çalkalayıcıya tüm içeriği dökün ve karıştırmak için iyice çalkalayın.
b) Hazır bardaklara bir miktar buz küpü ekleyin ve içeceği her birine dökün.
c) Limon ve limon dilimleri ile servis yapın

90.Moçi Tatlıları

İÇİNDEKİLER:

- 1 ½ bardak. Önceden hazırlanmış Anko
- 11/2 bardak. su
- 1 fincan. Katakuriko (mısır nişastası)
- ½ bardak. şeker
- 1 ¼ bardak. Shiratama -ko (pirinç unu)

TALİMATLAR:

a) ½ bardağı ısıtın. Su. ½ bardak ekleyin. Şeker, kaynatın
b) Anko tozunun ½'sini ekleyin. Karıştırmak için iyice karıştırın
c) Eğer kuru hissediyorsanız daha fazla su ekleyin, katılaşana kadar karıştırın. Soğuması için bir kenara bırakın
ç) Soğuyunca içeriği alın ve 10 veya daha fazla küçük top haline getirin
d) Kalan şekeri ve suyu küçük bir kasede karıştırın, bir kenara koyun
e) Pirinç ununu bir kaba dökün tas . Şeker karışımını dikkatlice unun içine dökün, karıştırarak bir hamur oluşturun
f) Mikrodalgaya koyun ve 3 dakika ısıtın.
g) Yüzeye biraz katakuriko püskürtün , hamuru çıkarın ve unlanmış platforma yerleştirin.
ğ) Yavaşça yoğurun, toplar halinde kesin ve her bir topu düzleştirin.
h) top haline gelinceye kadar yuvarlayın

91.Japon Meyve Şişleri

İÇİNDEKİLER:
- 2 fincan. Çilek. DE gövdeli ve ipuçları kaldırıldı
- 12 yeşil zeytin
- 2 bardak . Ananas küpleri veya 1 kutu ananas
- 2 fincan. Dilimlenmiş kivi
- 2 bardak . Böğürtlen
- 2 bardak . Yaban mersini
- 9 şiş veya kürdan

TALİMATLAR:
a) Meyvelerdeki fazla sıvıyı boşaltın ve alternatif olarak şişlere sabitleyin
b) Doldurduğunuz şişleri bir tepsiye dizip buzdolabında 1 saat bekletin.
c) Hazır olduğunda çıkarın ve servis yapın

92.Agar Meyveli Salsa

İÇİNDEKİLER:
- 1 çubuk. Kanten agar (meyve jölesi)
- 1 küçük kutu. mandalina bölümleri
- 40g shiratama -ko (pirinç unu)
- 3 yemek kaşığı önceden hazırlanmış kırmızı fasulye
- 10 kg. şeker
- 1 fincan. Kivi, çilek vb. karışık meyveler.

TALİMATLAR:
a) Kanten agarını soğuk suya koyun, yumuşayana kadar bekletin.
b) 250 ml suyu kaynatın, yumuşayan Kanten'i sudan süzün ve kaynayan suya ekleyin. Üzerine şekeri ekleyin ve Kanten iyice eriyene kadar kaynatın. Bir kaseye dökün, soğumaya bırakın ve dondurucuda dondurun.
c) Shiratama -ko'yu bir kaseye dökün, biraz su ekleyin ve hamur haline gelinceye kadar karıştırın. Rulo yapın ve toplar halinde kesin
ç) Başka bir büyük tencerede suyu kaynatın, su kaynayınca shiratama -ko toplarını ekleyin ve toplar kaynayan suyun üzerinde yüzene kadar pişirin.
d) Kesilmiş meyveleri bir kaseye koyun, hazır shiratama -ko toplarını ekleyin, kırmızı fasulyenin ve mandalinin bir kısmını alın, Kanten setini küpler halinde kesin ve kaseye ekleyin.
e) Varsa mandalina şurubu veya soya sosunu gezdirin ve servis yapın

93. Kinako Dango

İÇİNDEKİLER:

- Kinako, yarım bardak
- Toz şeker, iki yemek kaşığı
- Soğuk su, yarım bardak
- Dango tozu, bir bardak
- Kaşer tuzu, yarım çay kaşığı

TALİMATLAR:

a) Bir karıştırma kabına Dango tozu ve su ekleyin. İyice birleşene kadar iyice karıştırın.
b) Biraz hamur alın ve top haline getirin.
c) Bir tabağa koyun ve tüm hamur kullanılıncaya kadar işlemi tekrarlayın.
ç) Bir kase soğuk suyu bir kenara koyun.
d) dango toplarını ekleyin ve yukarıya çıkana kadar kaynatın.
e) Süzüp soğuk suya ekleyin. Soğuyana ve süzülene kadar birkaç dakika bekletin.
f) Başka bir karıştırma kabına kinako, şeker ve tuzu ekleyip iyice karıştırın.
g) Kinako karışımının yarısını servis kasesine koyun, dango toplarını ekleyin ve üzerine kalan kinakoyu ekleyin.
ğ) Yemeğiniz servise hazır.

94.Hokkaido Dorayaki

İÇİNDEKİLER:

- Bal, iki yemek kaşığı
- Yumurta, iki
- Şeker, bir bardak
- Un, bir bardak
- Kabartma tozu, bir çay kaşığı
- Kırmızı fasulye ezmesi, yarım bardak

TALİMATLAR:

a) Tüm malzemeleri toplayın.
b) Büyük bir kapta yumurtaları, şekeri ve balı birleştirin ve karışım kabarık hale gelinceye kadar iyice çırpın.
c) Unu ve kabartma tozunu kaseye eleyin ve hepsini karıştırın.
ç) Şimdi hamur biraz daha pürüzsüz olmalı.
d) Büyük yapışmaz kızartma tavasını orta-düşük ateşte ısıtın. Acele etmemeniz ve yavaş yavaş ısınmanız en iyisidir.
e) Hamurun yüzeyinin kabarcıklanmaya başladığını gördüğünüzde ters çevirin ve diğer tarafını da pişirin.
f) Ortasına kırmızı fasulye ezmesini koyun .
g) Servis edilmeye hazır olana kadar dorayaki'yi plastik ambalajla sarın.

95.Matcha Dondurma

İÇİNDEKİLER:
- Matcha tozu, üç yemek kaşığı
- 2 su bardağı Bitki bazlı Yarım buçuk,
- Kaşer tuzu, bir tutam
- Şeker, yarım su bardağı

TALİMATLAR:
a) Orta boy bir tencerede yarım buçuk, şeker ve tuzu birlikte çırpın.
b) Karışımı orta ateşte pişirmeye başlayın ve yeşil çay tozunu ekleyin.
c) Karışımı ocaktan alın ve buz banyosundaki bir kaseye aktarın. Karışım soğuduğunda üzerini streç filmle örtün ve buzdolabında soğutun.
ç) Yemeğiniz servise hazır.

96.Hokkaido Zenzai

İÇİNDEKİLER:
- Mochi, bir fincan
- Kırmızı fasulye, bir bardak
- Şeker, üç yemek kaşığı

TALİMATLAR:
a) Bir tencereye kırmızı fasulyeyi ve beş bardak suyu koyun.
b) Kaynatın ve beş dakika pişirin, ardından fasulyeleri süzün ve pişirildiği suyu boşaltın.
c) Şimdi, pişirildikleri suyu saklayarak fasulyeleri boşaltın.
ç) Süzülmüş fasulyeleri tencereye alın, şekeri ekleyin ve orta ateşte sürekli karıştırarak on dakika pişirin.
d) Daha sonra fasulyelerin pişme suyunu dökün, şekerle tatlandırın ve kısık ateşte karıştırın.
e) Mochi'yi ızgarada veya tost makinesinde genişleyip hafifçe kahverengileşene kadar pişirin.
f) Mochi'yi servis kasesine koyun ve üzerine bir kaşık fasulye çorbası dökün.

97.Japon Kahvesi Jeli

İÇİNDEKİLER:

- 470 ml güçlü, sıcak kahve
- 1 paket jelatin tozu
- 60 gr şeker
- 100 ml krema
- 2 yemek kaşığı şeker

TALİMATLAR:

a) Öncelikle jelatin tozunu 4 çay kaşığı su ile karıştırın ve 10 dakika kadar şişmesini bekleyin.
b) Kahveye şekeri ekleyin ve şeker eriyene kadar karıştırın. Kahveyi soğumaya bırakın.
c) Kahveyi düz bir tabağa (yaklaşık 2 cm yüksekliğinde) doldurun ve 6 saat buzdolabında bekletin.
ç) Kremayı 2 çay kaşığı şekerle çırpın.
d) Kalıbı buzdolabından çıkarın ve her şeyi büyük küpler halinde kesin. Krema ile servis yapın.

98.Matcha Tiramisu

İÇİNDEKİLER:
- 1 bardak kaju fıstığı, ıslatılmış
- 1/4 bardak akçaağaç şurubu
- 1 çay kaşığı vanilya özü
- 1 yemek kaşığı matcha tozu
- 1 bardak demlenmiş yeşil çay, soğutulmuş
- Ladyfinger'lar
- Toz almak için kakao tozu

TALİMATLAR:
a) kaju fıstığı, akçaağaç şurubu, vanilya özü ve matcha tozunu pürüzsüz hale gelinceye kadar karıştırın .
b) Kedi parmaklarını yeşil çayın içine batırın ve tabağın altına dizin.
c) Kaju-matcha karışımından bir kat kedi dillerinin üzerine yayın.
ç) Katmanları tekrarlayın ve kakao tozu serperek bitirin.
d) Servis yapmadan önce birkaç saat buzdolabında bekletin.

99. Kinako Warabi Mochi

İÇİNDEKİLER:
- 1 bardak warabi mochi tozu
- 2 bardak su
- 1/2 bardak kinako (kavrulmuş soya fasulyesi unu)
- 1/4 su bardağı şeker
- Kuromitsu (Japon esmer şeker şurubu)

TALİMATLAR:
a) Warabi mochi tozunu ve suyu bir tencerede karıştırın.
b) Orta ateşte sürekli karıştırarak koyulaşıncaya kadar pişirin.
c) Bir kalıba dökün ve katılaşana kadar buzdolabında saklayın.
ç) Isırık büyüklüğünde parçalar halinde kesin ve kinako ve şeker karışımıyla kaplayın.
d) kuromitsu gezdirin.

100.Hokkaido Yuzu Şerbeti

İÇİNDEKİLER:
- 1 bardak yuzu suyu
- 1 bardak su
- 1/2 su bardağı şeker
- 1 yuzu kabuğu rendesi (isteğe bağlı)

TALİMATLAR:
a) Bir tencerede yuzu suyunu, suyu ve şekeri birleştirin.
b) Orta ateşte ısıtın, şeker eriyene kadar karıştırın.
c) Ateşten alın, kullanıyorsanız yuzu lezzetini ekleyin ve soğumaya bırakın.
ç) Karışımı bir dondurma makinesine dökün ve üreticinin talimatlarına göre çalkalayın.
d) Sertleşene kadar dondurun ve servis yapın.

ÇÖZÜM

Hokkaido'nun çağdaş mutfaklarındaki mutfak yolculuğumuzu tamamlarken, "Çağdaş Hokkaido Mutfağı"nın sizi ilhamlandırdığını, memnun ettiğini ve daha fazlasına aç bıraktığını umuyoruz. Hokkaido'nun mutfak lezzetlerinin en iyilerini sergileyen 100 tarifle, Japonya'nın bu en kuzeyindeki adasını tanımlayan canlı lezzetleri ve zengin gelenekleri deneyimlediniz.

Bu yemek kitabındaki doyurucu klasiklerden çağdaş kreasyonlara kadar her yemek, Hokkaido'nun eşsiz mutfak mirasının ve şeflerinin ve ev aşçılarının yenilikçi ruhunun öyküsünü anlatıyor. İster rahatlatıcı miso ramen kaseleriyle kendinizi şımartın, ister taze deniz ürünlerinin nefis lezzetlerinin tadını çıkarın, ister Hokkaido süt ürünlerinin tatlılığından memnun olun, Hokkaido mutfak maceranızın her anından keyif aldığınıza güveniyoruz.

Çağdaş Hokkaido mutfağını keşfetmeye devam ederken yaratıcılığınızın yükselmesine izin vermenizi teşvik ediyoruz. İster yeni malzemeler deneyin, ister geleneksel tariflere kendi tarzınızı ekleyin, ister Hokkaido'nun lezzetlerini arkadaşlarınız ve ailenizle paylaşın, mutfak yolculuğunuz Hokkaido'nun lezzetleri kadar zengin ve ödüllendirici olsun.

Bu lezzetli maceraya bize katıldığınız için teşekkür ederiz. "Çağdaş Hokkaido Mutfağı"nın mutfağınızda değerli bir arkadaş haline gelmesini ve gelecek yıllarda daha birçok lezzete ilham vermesini umuyoruz. Tekrar buluşana kadar yemekleriniz Hokkaido'nun sıcaklığı, lezzeti ve ruhuyla dolsun. Mutlu yemek pişirme!

www.ingramcontent.com/pod-product-compliance
Lightning Source LLC
Chambersburg PA
CBHW050348120526
44590CB00015B/1604